인공지능을 이기는 영어

인공지능을
이기는 영어

박시수 지음

Ui 유아이북스
Ultimate Information

인공지능을 이기는 영어

1판 1쇄 인쇄 2020년 7월 5일
1판 1쇄 발행 2020년 7월 10일

지은이 박시수
펴낸이 이윤규

펴낸곳 유아이북스
출판등록 2012년 4월 2일
주소 (우) 04317 서울시 용산구 효창원로 64길 6
전화 (02) 704-2521
팩스 (02) 715-3536
이메일 uibooks@uibooks.co.kr

ISBN 979-11-6322-042-8 03700
값 13,800원

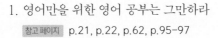

영어 공부 십계명

1. 영어만을 위한 영어 공부는 그만하라
   참고 페이지 p.21, p.22, p.62, p.95-97

2. 공부에 앞서 목표를 분명히 하라
   참고 페이지 p.64, p.65, p.86

3. 목표와 실천 방법은 손으로 써라
   참고 페이지 p.80, p.85

4. '시간이 없다'는 핑계는 하지 마라
   참고 페이지 p.74, p.76

5. 장비 탓도 하지 마라
   참고 페이지 p.79, p.160

6. 공부는 책상에서만 하는 게 아니다
   참고 페이지 p.27, p.186, p.199

7. 문법 공부를 경시하지 마라
   참고 페이지 p.113, p.151, p.170

8. 읽어라, 끊임없이 읽어라
   참고 페이지 p.69-70, p.107, p.178-179, p.183

9. 나만을 위한 '맞춤형 영어 교과서'를 만들어라
   참고 페이지 p.165, p.185

10. 영어 신문은 최고의 학습 교재다
    참고 페이지 p.121, p.130, p.132

토익 300점에서
영문기자가 되기까지

재능과 운은 타고나는 것일까요? 치열한 노력에 대한 부산물일까요?

저의 오랜 고민거리입니다. 이에 대해 진지하게 연구를 하시는 분들도 계시더군요.

저는 모든 사람은 적어도 하나의 특별한 재능을 갖고 세상에 태어난다고 믿습니다. 타고나는 운도 있다고 생각하죠. 오직 노력의 결과라고 치부하기에는 뭔가 설명이 부족한 일들이 우리 주변에서 종종 일어나기 때문입니다.(시작부터 '세상은 불공평하다'라는 불편한 진실이…)

대표적 사례가 빌 클린턴 전 미국 대통령입니다. 잘생겼는데 공부도 잘했습니다. 실력도 있었고, 운도 많이 따랐습니다. 미국과 영국의 명문대를 졸업한 클린턴은 국내 대기업이었다면 기껏 해야 대리, 과장이었을 33살에 미국 아칸소주의 주지사가 되었습니다. 승승장구를 거듭한 그는 47세에 미국 대통령이 됐습니다. 이런 탄탄대로 인생이 또 있을까요? 재능과 운이 한 사람에게 너무 몰린 게 아닌가 하는 생각까지 듭니다. 르윈스키 사건이 옥에 티입니다.

극단적 비교로 저에 관해 이야기해 보겠습니다. 2020년으로 나이 39세. 누구는 주지사가 된 지 한참이 지났을 나이지만, 저는 여전히 내세울 것 별로 없는 평범한 직장인입니다. 재능인지, 노력의 결과인지, 운이 좋아서인지는 모르겠지만 대학생 시절 쌓은 영어 실력 덕분에 '영문기자'라는 희귀한 직업을 갖게 됐다는 것이 제가 자랑할 수 있는 몇 안 되는 성과입니다.

지금까지의 삶을 돌아볼 때 저에게 주어진 행운의 크기는 그리 크지 않았던 것 같습니다. 어린 시절부터 눈에 띄게 발현된 재능도 없었습니다. 그렇다고 공부 머리가 있는 것도 아니었죠.

그럼에도 추구했던 목표는 항상 크고 높았습니다. '성공'이라는 단어를 늘 마음에 품고 살았습니다. 그것도 하필 타고난 재능이 있어도 두각을 나타내기 어려운 그런 분야에서의 성공을 갈망했습니다. 중학생 시절 저는 대중음악 작곡가를 꿈꿨습니다. 히트곡 제조기가 되고 싶었습니다. 음악 시간 청음 시험에서 0점을 받았음에도 말이죠.(정말 0점이었습니다.) 피아노 실력도 형편없었습니다. 하지만 어디서 용기가 났는지 피아노로 자작곡을 만들었고, 그것을 녹음한 카세트테이프를 한 음반 기획사에 보낸 적도 있습니다.

용기, 깡, 도전 정신은 늘 충만했습니다.(아! 똘끼 한 스푼 추가요.)

고등학교 시절에는 당시 저의 우상이었던 배우 김혜수 씨를 실제로 보고 싶은 마음에 방송국 예능PD를 꿈꿨고, 대학생 때는 라디오의 매력에 푹 빠져서 라디오PD가 되고 싶다고 생각했습니다. 하지만 재능도, 운도, 실력도 부족했기에 이런 꿈들은 영원히 꿈으로만 남게 되었습니다.

대신 저는 기자가 됐습니다. 그것도 영문기자 말이죠. 저는 유학파가 아닙니다. 처음 본 토익은 300점대였습니다. 영문과를 나오지도 않았고요. 덩치도 산만 하고, 인상도 강해서 제가 손바닥만 한 작은 노트북 앞에 다소곳하게 앉아서 영어로 글을 쓰는 직업을 갖고 있다고 하면 놀라는 사람들이 많았습니다. 겉모습은 산적 같지만 속은 존슨즈 베이비 로션처럼 하얗고 고운 사람입니다.

본격적인 영어 공부는 2004년 군대를 전역한 후 시작했습니다. 누가 시키는 공부는 싫어해서 학원과 같은 외부의 도움 없이 학교 도서관에서 혼자 공부했습니다. 열심히 공부했습니다. 그러다 무슨 운명의 장난인지 2007년 영문기자가 됐고, 그 후 10년이 훌쩍 넘은 지금까지 영어로 말하고, 글을 쓰며 살고 있습니다.

그래서 저는 확신합니다.

영어, 누구나 잘할 수 있다는 것을 말이죠. 재능, 운 상관없습니다. 꾸준히 노력만 한다면 누구나 할 수 있습니다. 제가 살아있는 증거입니다. 저처럼 공부 머리 없는 사람도 해냈다면 우리나라 국민 모두 저만큼 영어를 할 수 있습니다.

하지만 현실은 어떻습니까? 학교와 학원에서 수년간 엄청난 돈을 써가며 영어를 배우지만 여전히 영어 초보자들은 너무나 많습니다. 효과가 있다는 공부법, 책 모두 써봤지만, 영어 실력은 제자리라고 하는 분들을 수도 없이 목격했습니다.

이분들 중에는 저보다 훨씬 좋은 학교에서 공부했고, 뛰어난 실력과 재능으로 자신이 종사하는 분야에서 한 획을 그은 분들도 많이 있습니다.

그런 분들이 왜 영어는 잘하지 못할까요? 작심삼일? 잘못된 교재 선택? 잘못된 공부 방법? 바빠서? 돈이 없어서? 공부를 방해하는 주변 환경?

콕 집어서 무엇 때문이라 말할 수는 없습니다. 인생에 정답이 없듯, 영어 공부법에도 정답은 없습니다. 하나의 이유를 추정해

본다면 '꾸준함'이나 '노력'이 부족했기 때문일 것이라 생각합니다.

이 책은 타고난 언어적 재능도 없고, 영어 무식자였던 제가 영어 공부를 본격적으로 시작한 후 3년 만에 어떻게 영문기자가 될 수 있었는지에 대한 이야기를 담고 있습니다.

공부하면서 가졌던 생각, 느꼈던 감정 그리고 사용했던 공부 방법 등을 독자들이 쉽게 알 수 있도록 자세히 기술했습니다. 기자가 된 후 지금까지 꾸준하게 쓰고 있는 저만의 영어 공부법과 관련된 정보도 소개하고 있습니다.

공부법에 앞서 초연결 지식정보화 시대에 영어에 대한 시장의 수요가 어떻게 변화했는지에 대해 제가 경험하고 목격한 사례들을 토대로 자세히 알려드립니다.

영어 공부만큼이나 여러분이 관심을 갖고 알아야 하는 부분입니다. 수요가 변했다는 것은 영어 공부에 대한 새로운 시각과 접근법이 필요하다는 뜻입니다.

미리 말씀드리지만, 영어 공부에 정답은 없습니다. 제가 효과를 봤다고 해서 그 방법이 여러분에게도 동일한 효과가 있을 것이라 장담하지 못합니다. 그럼에도 이 책을 쓴 이유는 저의 경험과 이야기가 누군가에게 영어에 대한 관심을 환기시키고 공부를 하고자 하는 마음을 갖게 하는 자극제가 될 수 있을 것이라 생각했기 때문입니다.

MSG 없이 오로지 제가 직접 경험하고, 생각하고, 느꼈던 것들만 이 책에 담았습니다. 영어라는 물고기를 잡고자 하는 분들께 괜찮은 안내서가 될 것입니다.

고생한 저의 뇌와 손가락에 우선 경의를 표합니다. 집필 과정에서 빠져버린 수많은 머리카락들에게 깊은 애도를 표합니다. 마지막으로 이 책에 뭔가 있을 것 같아 구매하신 독자들께 행운을 빕니다.

목차

PART4 영문기자의 영어 공부법II : 읽기와 듣기

PART.1

영어의 배신,
영어가 변했다

I

'영어 과잉 시대'의 생존법

질문 하나 드리겠습니다.

여러분은 왜 영어를 공부하시거나 하려고 하시나요? 직장인의 삶은 피곤함과 고됨의 연속입니다. 월급쟁이인 저도 마찬가지죠. 아침에 눈을 뜨는 것부터 고통입니다. 퉁퉁 부은 얼굴에 반쯤 감긴 눈으로 출근을 하고, 커피 한 잔을 마시면 그제서야 정신이 드는 것 같습니다. 그렇게 고된 하루를 보내고 집에 돌아오면 몸은 이미 천근만근입니다. 이대로 침대에 누워 유튜브나 보며 허허실실하며 쉬고 싶지만 '그래도 한 자라도 더 보자'라는 마음으로 영어책을 펴는 것. 저의 모습이고, 어쩌면 여러분의 모습일 것입니다. 저야 직업의 특성상 반강제로 할 수밖에 없습니다. 다시 묻습니다만 저와 같이 영어가 직접 필요하지 않은 여러분은 힘들고 지친 가운데 왜 영어를 공부하시나요? 혹은 왜 하려고 하시나요?

구체적 이유는 무척 다양하겠지만 크게 보면 다음에 나오는 두 가지 중 하나가 아닐까 생각합니다. 우선 영어를 잘하면 지금보다 더 편안하고 풍요롭고 안정된 삶을 사는 데 도움이 된다고 믿기 때문입니다. 또 지금보다 좋은 기회가 더 많이 올 것이라 생각하거나, 적어도 그럴 가능성을 높일 수 있다고 믿기 때문 아닐까요?

영어와 관련된 뉴스를 살펴보던 중 한 시장 조사 업체가 실시한 성인 영어 학습에 대한 설문 조사 결과를 본 적이 있습니다. 엠브레인 트렌드모니터라는 업체가 전국의 만 19세~59세 성인 남녀 1000명을 대상으로 한 조사였는데요, 이를 통해 피곤한 직장인들이 퇴근 후 쉬지 않고 영어 공부를 하는(혹은 하려고 하는) 속사정을 조금 알 수 있었습니다. '영어를 잘하면 여러 가지 기회가 많이 생기기 때문'이라는 응답(복수 응답 허용)이 절반에 가까운 46.7%에 달했습니다. '영어 회화 능력 = 개인의 경쟁력'이라고 응답한 사람이 43.4%, '나의 미래를 준비하기 위해'라는 응답도 41.7%나 됐습니다. 여전히 많은 사람이 영어를 '기회의 사다리'라고 생각하고 있다는 것을 보여주는 조사 결과입니다.

저는 영어를 잘한다는 것이 이러한 욕망을 충족시키는데 여전히 큰 도움이 된다고 생각합니다. 저의 개인적 경험을 돌이켜 봐도 우리 사회에서 영어라는 것은 여전히 많은 분야에서 '기회의 사다리' 역할을 하고 있습니다. 이를 너무나 잘 알기에 비싼 등록금에도 불구하고 강남에 있는 영어 유치원에는 늘 학생들로 붐비고, 많은 부모님은 재정적 부담이 큼에도 불구하고 자신의 자녀들을 영어권 국가로 유학을 보내거나, 짧으면 몇 주, 길게는 1년이 넘는 기간 동안 어학연수를 보내는 것 아니겠습니까? 피곤하고 지쳤음에도 불구하고 시간을 내서 영어 학원이나 인터넷 강의(인강)를 수강하는 직장인들의 마음도 이와 똑같을 것입니다.

이런 열정과 투지, 공격적 투자 다 좋습니다. 하지만 안타깝게도 공부에만 너무 몰입해서인지 현재 진행되고 있는 영어와 관련된 두 가지 큰 변화를 놓치고 있는 영어 학습자들을 자주 보게 됩니다. 첫 번째 변화는 우리를 둘러싼 '영어 환경'의 변화입니다. 두 번째, 그 결과 '기회의 사다리'가 되는 '영어의 내용'도 변했습니다. 변화의 방향과 내용을 알고 거기에 맞는 공부를 해야 원하는 목표를 보다 빠르고 효과적으로 달성할 수 있는 건 당연하겠죠.

'영어 환경'부터 말씀드리겠습니다. 이제 웬만한 수준 이상의 영어를 하지 못하면 대접받기 힘든 시대입니다. 우리 주변에 영어 잘하는 사람은 이미 너무 많기 때문입니다. 영미권 국가에서 유학을 했거나, 어학연수를 다녀온 사람을 주변에서 어렵지 않게 찾을 수 있습니다. 과잉 공급이라는 말이 더 적절해 보입니다. 인공지능 통/번역기도 대중화됐습니다. 스마트폰에 번역 앱만 설치하면 언제, 어디서든 영어를 비롯한 다양한 외국어로 상대방과 기본적인 소통이 가능한 시대입니다. 세계 자동 통번역 시스템 시장은 최근 몇 년 동안 두 자릿수의 고속 성장을 거듭하고 있고, 관련 기술이 통계 기반 기계번역SMT, Statistical Machine Translation에서 인공 신경망 기반의 번역NMT, Neural Machine Translation으로 진화하면서 내용의 정확도 또한 빠르게 높아지고 있습니다.

그 결과 '기회의 사다리'가 되는 '영어의 내용'은 어떻게 변했을까요? 앞서 말한 대로 '웬만한 수준'의 영어 실력이 주는 기회와 혜택은 꾸준히 줄어들고 있습니다. 반면 자신만의 전문 지식 expertise과 정보information 그리고 통찰력insight이라는 '콘텐츠'를 전달할 수 있는 영어의 가치는 계속 상승하고 있습니다. '몸값'의 무게 중심이 영어에서 콘텐츠로 이동했다는 말입니다. 그리고 그 콘텐츠를 전달할 수 있는 영어 능력에 대한 수요가 증가하고 있습니다.

이러한 무게 중심의 이동은 인터넷 기반의 초연결 사회의 등장과도 연관이 있습니다. 초연결 사회에서 영어를 사용해 접근할 수 있는 인구와 시장의 크기는 그 이전보다 비교할 수 없을 정도로 커졌습니다. 그 안에서 구할 수 있는 정보와 지식의 양도 마찬가지입니다. 인터넷에 있는 정보와 지식들의 약 60%가 영어로 되어있다고 합니다. 활용 가치가 높은 논문이나 연구 보고서의 경우 그 비율은 더 높은데, 아쉽게도 이런 자료들의 극히 일부만 우리말로 번역되어있습니다. 영어가 가능한 기업가는 전 세계를 대상으로 자신에게 필요한 인재를 찾는 구인 공고를 낼 수 있게 되었고, 영어가 가능한 인재는 전 세계를 대상으로 자신의 존재와 실력을 알릴 수 있는 시대가 열렸습니다. 이런 추세에 맞춰 국경을 초월한 협업collaboration을 가능케 하는 영어 기반의 소프트웨어도 많이 개발되었고, 그 기능은 날로 진화하고 있습니다.

이러한 변화의 결과로 영어와 전문 지식, 정보, 통찰력 등을 종합한 개인의 능력을 통칭하는 단어가 생겼습니다. 바로 '국제역량'입니다. '앞으로 같은 직업이라도 국제역량에 따라 대우가 달라질 것이다.' 많은 경제, 경영, 직업 전문가들이 이구동성으로 주장하는 내용입니다. 영어는 국제역량을 구성하는 빼놓을 수 없는 중요한 요소입니다. 하지만 그 밖의 요소들과 떨어졌을 때 갖는 독립적 가치는 앞서 말한 대로 예전만 못합니다. 따라서 초연결 사회에서는 영어 실력 하나만을 위한 공부가 아닌 자신의 '국제역량'을 강화하는데 도움이 되는 영어를 공부해야 합니다.

직업이 있는 당신은 이미 한 분야의 전문가입니다. 그런 당신은 지금 갖고 있는 자신의 전문 지식과 정보, 통찰력 있는 분석을 얼마나 정확하게 영어로 상대방에게 전달할 수 있습니까?

만약 어렵다면 당신은 국내형 인재입니다. 외부와 연결된 수많은 기회들은 아쉽지만, 당신의 것이 아닙니다. 적어도 지금은 말이죠. 이를 해결할 방법은 있습니다. 자신의 국제역량을 키워줄 수 있는 영어를 공부하는 것입니다.

2

당신의 몸값을 결정짓는
영어의 비밀

개인의 국제역량을 키워주는 영어는 무엇일까요? 그것은 직업 또는 연구처럼 여러분의 삶의 일부인 생업과 관련된 영어입니다. 배우면 실전에서 바로 써먹을 수 있는 어휘, 표현, 문장들부터 익혀야 합니다. 앞서 국제역량의 중심에 콘텐츠가 있다고 했습니다. 그 콘텐츠의 핵심은 여러분이 매일같이 하는 일, 연구 등을 수행하는 과정에서 나옵니다. 생업을 하며 얻은 해당 분야에 대한 깊이 있고, 생생한 지식과 정보 그리고 통찰력이라는 콘텐츠와 영어가 결합될 때 여러분은 강력한 국제역량을 갖춘 글로벌 인재가 될 수 있습니다.

그러면 국제역량 강화 측면에서 가장 좋은 영어 공부 교재는 무엇일까요? 그것은 여러분의 생업과 관련한 내용을 담고 있는 영문 보고서, 책, 신문 및 온라인 기사, 유튜브, 팟캐스트 등입니다. 무엇이든 상관없습니다. 자신의 생업과 관련 있는 내용을 담고 있고, 틀린 영어로 제작되지만 않았다면 말이죠. 이러한 자료들을 읽고, 보고, 듣는 과정에서 여러분들은 자신이 우리말로 이미 알고 있는 지식, 정보에 상응하는 영어 단어, 표현, 문장들을 접하게 됩니다. 학습자에게 '오호 이걸 영어로 이렇게 표현하는구나'라는 발견의 기쁨을 줄 수 있다는 것이 이 공부 방법의 가장 큰 장점입니다. 영어 공부가 장기전이라는 건 다들 아실 겁니다. 장기전에서 중간에 포기하지 않기 위해서는 무엇보다 공부가 재미있고 배우는 보람을 느껴야 합니다. 그래야 영어 공부를 자주, 오래 할 수 있습니다.

이런 공부법의 또 다른 장점은 현장에 바로 적용할 수 있다는 것입니다. 내일 출근했을 때 그 전날 익힌 단어나 표현을 써먹을 수 있습니다. 행여 그날 영어를 쓸 일이 없다고 해도, 속으로 '저걸 영어로 XXX라고 했었지'라며 전날 학습한 내용을 하루에도 몇 번씩 떠올리는 기회를 가질 수 있습니다. 이렇게 현장에서 반복적으로 썼거나, 머릿속에서 떠올렸던 단어나 표현은 쉽게 까먹지 않습니다. 뇌에 반복적으로 자극이 가해져서 기억이 강화되었기 때문입니다.

스웨덴에 본사를 둔 글로벌 교육기업 EFEducation First도 이러한 영어 학습법을 추천하고 있습니다. 이 회사는 전 세계 230만 명의 자사 영어 시험 응시자를 분석하여 발표한 〈2019년 영어 능력지수 보고서EF English Proficiency Index 2019〉에서 영어 공부는 '한 단계 성장하는데 수백 시간의 공부가 필요한 장기전'이라고 규정하면서 공부는 '현재의 직업이나 연구 활동과 관련된 어휘를 외우는 것memorize vocabulary relevant to your job or field of study'부터 시작하고, '즉시 사용하기 시작하라using it immediately'고 조언합니다. 그리고 '매일 단 몇 분이라도 영어 공부를 하는 습관을 들여야 한다study English every day, even if only for a few minutes'라는 조언도 덧붙였습니다.

여기서 문뜩 이런 궁금증이 생기는 분들이 계실 거라 생각합니다. 생업과 관련된 영어만 공부하면, 나중에 자신이 할 줄 아는 영어의 활용 범위가 너무 좁아지는 것 아니냐고 말이죠. 하지만 그렇지 않습니다. 공부의 시작이 하나의 좁고 한정적인 내용이라 할지라도 공부를 계속하다 보면 학습의 대상과 학습자의 관심이 자연스럽게 그 주변부로 확대되는 특징을 갖고 있습니다.

백화점 의류 매장에서 일하는 분이 외국인 고객을 응대하기 위해 영어 공부를 한다고 가정해 보겠습니다. 그분의 첫 공부 대상은 자신이 일하는 매장에 진열되어 있는 제품, 그것들에 대한 가

격, 빨래 방법, 보관 방법, 포장, 결제, 환불 등일 것입니다. 하지만 외국인 고객과의 소통이 증가함에 따라 이보다 더 많은 정보를 영어로 제공할 필요를 느끼게 될 것입니다. "화장실이 어디 있죠?", "가전 제품 매장은 어디 있나요?", "지금 몇 시예요?" 등을 묻는 고객도 있을 테니까요. 다른 곳을 가기 위해 교통수단이나 환승 정보를 묻는 고객도 있을 수 있습니다. 이처럼 첫 공부는 매장 안에 국한되었지만 결국 그 범위는 매장을 넘어 계속 확대될 수밖에 없습니다. 세상은 상호 연결되어 있기 때문입니다.

저의 경우도 그랬습니다. 기자가 된 후, 첫 몇 해 동안은 주로 사건 취재를 전담했습니다. 경찰서, 검찰청, 법원 등을 오가며 취재를 했습니다. 때문에 당시에는 사건과 관련된 영어를 집중적으로 공부했습니다. 사건에 대한 외신 기사를 읽으며 사건, 수사, 재판 등과 관련된 단어와 표현을 익혔습니다. 연쇄 살인, 사기, 음주운전, 뺑소니, 부검, 체포, 소환, 밤샘 조사, 구속 영장 청구, 영장 기각, 영장 발부, 무죄 추정의 원칙, 판결, 항소, 상고 등의 어휘와 표현을 그때 공부했습니다. 처음에는 단순한 사건들만 주로 처리했지만, 시간이 지나면서 사건의 내용과 이해관계가 복잡한 사건도 처리해야 했습니다. 금융 사기 사건, 보험 사기 사건, 정치 비자금 사건, 정경 유착 사건, 인수 합병 재판, 독과점 사건, 저작권 위반 사건, 국제 분쟁 사건처럼 말이죠. 기사를 쓰기 위해서는 이들 영역에 대한 영어를 공부해야 했습니다. 그리고 그 밖에 사건들을 처리하면서 저의 취재 영역 역시 정치, 북한, 국회, 경제, 금융, 연예, 문화 등으로 확대되었습니다. 그때 '결국 세상은 연결되어 있구나'라는 것을 체감할 수 있었습니다.

영어 공부도 똑같습니다. 시작은 업무와 관련된 좁은 범위에 대한 내용이겠지만, 꾸준히 공부를 하고 활용하다 보면 자연스레 그 범위가 주변의 연관된 영역으로 확대됩니다.

3

국제역량이 주는 기회와 혜택들

　높은 수준의 전문 지식과 영어 실력을 동시에 갖춘 '국제역량'
이 충만한 인재는 그렇지 않은 사람과 비교해 훨씬 많고, 좋은 기
회를 가질 수 있습니다. 이런 능력을 갖춘 사람의 수는 여전히 적
은 반면 이들을 원하는 곳은 점점 많아지고 있기 때문입니다. 자
연히 연봉을 비롯한 회사와의 협상이나 기타 상대방이 있는 상황
에서 '갑'의 위치를 점할 가능성이 높습니다. 회사를 떠나서도 상
대적으로 덜 고생하면서 더 좋은 조건의 일자리를 다시 구할 수
있습니다. 그 후에도 다른 회사로부터 더 좋은 조건의 이직 제의
를 받을 가능성이 높습니다. 이러한 제의가 우리나라 밖에서 올
수도 있습니다. 또 시장의 수요에 잘 부합하기만 한다면 요즘 많

은 직장인의 선망인 '디지털 노마드digital nomad'의 삶도 현실화할
수 있습니다. 이처럼 국제역량은 기존의 나이와 성별, 권력 구도,
지리적 위치 등에 따른 직업적 한계를 극복할 수 있게 해줍니다.

실제로 링크드인LinkedIn, 글래스도어Glassdoor, 인디드Indeed,
몬스터Monster, 업워크Upwork 등과 같은 글로벌 구인구직 웹사이
트에 올라온 채용 공고의 대부분은 전 세계 인재를 대상으로 구인
활동을 벌이고 있습니다. 국적, 나이, 성별, 지리적 위치 등에 제한
을 두고 있지 않습니다. 해당 분야에 대한 전문성과 전 세계에 흩어
져 있는 동료들과 업무와 관련한 의사소통하는 데 필요한 영어 실
력을 인재 영입의 핵심 가치로 두고 있습니다. 아래는 실제 미국 실
리콘 밸리에 본사를 둔 한 미디어 콘텐츠 회사의 구인 광고(서울지
사에서 근무하는 대외 홍보 관련 직종) 내용의 일부입니다.

Qualifications (지원 자격)

- Have 12+ years of experience in a Korean entertainment
  PR setting

  (한국 엔터테인먼트 업계에서 홍보 직종으로 최소 12년 활동한 경력)

- Knowledge of international media/strategy is a bonus

  (국제 미디어, 전략과 관련된 지식이 있으면 우대합니다.)

- Strong press landscape knowledge and relationships with key media

  (한국 미디어 업계에 대한 폭넓은 지식과 주요 미디어 회사와의 교류 관계가 있어야 함)

- Be able to understand and comfortably interpret business and technology issues

  (관련 비즈니스 및 기술 관련 이슈를 이해하고, 그 의미를 해석할 수 있는 능력)

- Fluency in both English and Korean

  (영어와 한국어 모두 유창해야 함)

예시는 서울에서 근무하는 조건의 내용이었지만, 채용하는 회사의 상황과 인재의 능력에 따라 근무지는 한국 이외의 지역이 될 수도 있습니다. 실제로 저도 글로벌 구인구직 웹사이트를 통해 몇 개의 다국적 미디어/콘텐츠 기업으로부터 영입 제의를 받은 적이 있습니다.

여러분도 자신의 전문 지식, 경력 그리고 영어 실력을 설득력 있게 잘 써놓으면 세계 각지에 있는 관련된 기업의 채용 담당자로부터 영입 제의를 받을 수 있습니다. 물론 채용이 확정되기까지 여러 단계에 철저한 실력 검증의 과정을 통과하셔야 합니다.

타이완에 있는 한 전자 회사의 채용 조건도 앞에서 보여 드린 기업의 조건과 동일하게 지원자에 대한 국적, 성별, 거주지에 대한 제한을 두고 있지 않습니다. 채용 분야에 대한 전문 지식과 경력 그리고 영어로 소통할 수 있는 능력만 있으면 누구나 지원할 수 있습니다. 지원 자격의 첫 번째 조건으로 영어 커뮤니케이션 능력을 둔 것이 인상적입니다.

Qualifications (지원자격)

- Language skill: English reading and writing. Fluent English communication will be a plus

  (영어 읽기, 쓰기 능력. 영어로 유창하게 소통할 수 있는 경우 우대함)

- 3 to 5 years of experience in android phone testing

  (3-5년의 안드로이드폰 테스트 업무 경력)

- Familiar with Monsoon power monitor current measurement/operation

  (Monsoon power monitor 전류 측정, 운영에 능숙한 사람)

- Programming background of any language will be a plus

  (기타 프로그래밍 언어 관련 경력이 있는 경우 우대함)

글로벌 교육기업 EFEducation First가 발행한 〈2019년 영어 능력지수 보고서 EF English Proficiency Index 2019〉에 이런 순위가 나옵니다.

1st　제약 Pharmaceuticals

2nd　은행, 금융 Banking & Finance

3rd　정보기술 Information Technology

4th　통신 Telecommunications

5th　컨설팅 Consulting

6th　건강보건 Healthcare

7th　전자 Electronics

8th　자동차 Automotive Industry

(이하 생략)

■ 보고서 EF English Proficiency Index 2019 전문(영문)은 EF 홈페이지 (https://www.ef.com/wwen/epi/)에서 볼 수 있습니다.

이것은 산업 내 종사자들의 평균 영어 실력에 대한 순위입니다. 제약 업계 종사자들의 평균 영어 실력이 가장 높고, 그다음으로 은행, 금융, 정보기술, 통신, 컨설팅 순입니다. 그런데 이 순위 정보를 다른 시각에서 해석할 수도 있습니다. 바로 국제역량이 있는 사람에게 더 큰 기회와 성장 가능성이 있는 산업별 순위로 말이죠. 현재 이 순위의 상위권에 있는 산업에 종사하고 있으시다면 하루빨리 자신의 국제역량을 향상시켜서 앞으로 올 기회를 잡을 준비를 하시기 바랍니다.

이 보고서는 국제역량과 기회/성장 간의 관계가 적은 산업들도 알려주고 있습니다. 이들의 대부분은 비즈니스나 고객의 범위가 특정 지역에 한정될 수밖에 없거나, 인공지능AI으로 대체될 가능성이 높은 산업이나 직군입니다.

산업에서는 식음료Food & Beverage, 소매유통Retail, 제조 Manufacturing, 운송logistics, 정부Government, 교육Education 순입니다. 직군으로는 일반 사무 및 행정직Admin & Clerical, 배포 Distribution, 회계Accounting, 고객서비스Customer Service, 인사 Human Resources, 구매 및 조달Purchasing & Procurement 순입니다.

지금껏 하던 일을 버리고 완전히 다른 업종으로 전직하는 것은 참 어렵습니다. 때문에 '송충이는 솔잎을 먹어야 산다'라는 말도 있는 거죠. 그렇긴 하지만 동시에 한국산 솔잎만 먹으란 법도 없습니다. 국제역량을 갖추면 국경을 넘어 솔잎을 먹는 글로벌 송충이가 될 수 있습니다.

4

진짜 인재는
여전히 부족하다

영문기자로 활동하다 보면 풍부한 전문 지식과 높은 영어 실력을 동시에 갖춘 사람이 드물다는 것을 알게 됩니다. 전문 지식이 많으면 영어를 잘 못하거나, 영어를 잘하면 관련 분야에 대한 전문성이 떨어지는 경우가 많습니다. 국내의 굵직한 이슈들에 대한 영문 칼럼을 써줄 전문가를 찾거나, 영어로 진행되는 토론회에 참석할 패널이나 연설자를 찾는 과정에서 특히 많이 느낍니다.

북한, 경제, 경영, 외교, 안보 등 국제 사회와의 교류가 잦은 분야의 경우 상대적으로 인력풀이 넓습니다. 하지만 그 외 분야의 경우 그 수는 손에 꼽을 수 있을 정도입니다. 얼핏 보면 우리나라의 '국제적 수준'이 전체적으로 골고루 높아 보이지만, 실상은 분야에 따라 천차만별입니다.

한 번은 한국언론재단의 초청으로 한국을 방문한 동남아시아 8개국 출신의 언론인들을 대상으로 영어 강의를 진행한 적이 있습니다. 강의 주제는 '유튜브의 저널리즘적 활용'이었습니다. 제가 '온갖영어문제연구소'라는 유튜브 채널을 운영하고 있는 것을 아는 재단 관계자분이 기획한 강의였습니다.

두 시간 동안 유튜브가 한국에서 폭발적으로 성장할 수 있었던 기술적, 사회적 배경과 이로 인해 나타난 현상들을 저널리즘적 관점에서 설명했습니다. 참석한 언론인들 중 많은 수가 '유튜브로 돈 버는 방법'에 큰 관심을 보여서 저만의 '영업 비밀'의 일부를 공개하기도 했습니다. 참석자들의 모국어는 모두 달랐습니다. 하지만 영어라는 공통의 언어(링구아 프랑카)가 있었기 때문에 상호 의사소통에 문제는 없었습니다. 무엇보다 그 자리에 있는 사람들 모두가 유튜브와 관련된 지식과 정보를 갖고 있는 상태에서 진행된 강의였기 때문에 완벽하지 않은 영어로 진행된 강의였음에도 불구하고 제가 갖고 있는 지식과 정보를 충분히 그들에게 공유할 수 있었고, 저 또한 그들로부터 많은 것을 배운 유익한 시간이었습니다.

강의가 끝난 후 저를 초청한 재단 관계자분께 많고 많은 유튜버들 중 왜 나를 불렀냐고 물었더니 그분은 "유튜브에 대해 잘 아는 사람은 많지만, 그것을 영어로 강의를 할 수 있는 사람이 박 기자밖에 없다"며 저를 선택할 수밖에 없었던 솔직한 이유를 말해 줬습니다.

한 번은 영국의 공영 방송인 BBC의 PD로부터 연락을 받은 적이 있습니다. K-pop과 관련해 전화 인터뷰를 할 수 있는 한국인 전문가를 소개해줄 수 있냐는 부탁이었습니다. K-pop 전문가는 여러 명이 생각났습니다. 하지만 그중 영어로 인터뷰가 가능한 사람은 한 명도 없었습니다. 그 PD는 "K-pop의 인기가 유럽에서도 상당하다"며 "관련된 이슈를 자주 다루려고 하지만 이와 관련해 영어로 코멘트를 해줄 수 있는 전문가를 찾기가 너무 어렵다"고 하소연했습니다. K-pop 이외에도 한국의 다양한 이슈와 관련된 콘텐츠를 제작하고 있는 그 PD는 영어 코멘트 하나를 얻기 위해 열 통 이상의 전화를 돌리는 경우가 허다하다며, 한두 통만에 섭외가 되는 날은 땡잡은 날very lucky day이라고 했습니다.

실제로 빌보드Billboard 같은 세계적 영향력을 갖춘 음악 전문 매체에 K-pop과 관련한 글을 쓰는 음악 전문가는 모두 외국인입니다. 아이러니하죠? 국내에는 그들 정도의 K-pop 관련 지식과 정보를 가진 전문가는 셀 수 없이 많습니다. 하지만 영어라는 장벽에 막혀 자신의 이름을 세계에 알리지 못하고 있습니다. 영어라는 작은 차이가 이런 큰 결과적 차이를 만들고 있습니다.

사담이지만 수년 전 가요계 취재를 전담했던 적이 있습니다.

당시 K-pop의 위상은 오늘날과 많이 달랐습니다. K-pop 대신 '가요'라는 이름으로 불리던 시절입니다. 해외 시장에서의 존재감도 거의 없었습니다. 당시 한 연예 전문기자와 가요와 관련한 이야기를 나눈 적이 있습니다. 대화를 나누던 중 그 기자가 대뜸 저에게 "영문기자 중에 가요 전문기자가 없다"며 "이 분야의 전망이 좋으니 관심 있으면 전문기자로 나서 보라"고 추천했습니다. 결과적으로 저는 그 조언을 마음에 담지 않았습니다. 만약 그 조언을 따라 가요 관련 취재에 집중해서 나름의 전문성을 쌓았다면 지금쯤 빌보드가 주목하는 K-pop 전문 영문기자가 됐을 텐데 말이죠.

K-pop처럼 세계적으로 가치를 인정받는 분야의 국내 전문가들조차 높은 수준의 지식과 정보를 갖고 있음에도 불구하고 영어 실력이 부족해서 세계로 뻗어 나가지 못하고 있습니다. 매우 안타까운 사실입니다. 동시에 위 사례를 통해 우리는 새로운 가능성을 보게 됩니다. 여전히 우리나라에는 국제화 측면에서 개발이 덜 된 분야가 많다는 것입니다. 동시에 그러한 분야에는 여전히 새로운 기회와 성장 가능성이 많이 남아 있음을 의미합니다. 어쩌면 지금까지의 성장보다 더 큰 성장이 가능할지도 모릅니다.

우리는 모두 자기가 하는 일과 분야에서 전문가입니다. 그럼 이제 영어를 배웁시다. 예상치 못한 기회와 새로운 가치가 여러분을 기다리고 있을지 모릅니다.

5

이런 영어는
이제 그만!

생업과 관련된 영어를 배우는 것이 국제역량을 키우는 데 필수 적이라면 이와는 반대로 열심히 배워 봐야 국제역량 측면에서 별 도움이 되지 않는 영어가 있습니다.

대표적인 것이 요즘 영어 인터넷 강의 시장에서 유행하고 있는 소위 '원어민 표현'입니다. 이미 포화 상태에 있는 영어 사교육 시 장의 경쟁이 가열되면서 학생 유치를 위해 채택된 마케팅 전략 중 하나가 '원어민 표현' 강좌입니다. 유명 외국인 연예인을 광고 모 델로 쓰는 업체도 있는데요. 이걸 배우면 원어민들과 보다 자연 스럽게 어울릴 수 있다는 게 이들 업체의 마케팅 포인트입니다. 물론 그럴 수 있습니다. 하지만 이런 '원어민 표현'이 통하는 상황은 영어를 모국어로 사용하는 사람들과 있을 때뿐입니다. 영어를 모국어로 쓰는 사람은 전 세계 인구 77억 명 중에 단 4.7%인 3억 6000만 명이라고 합니다. 반면 영어를 링구아 프랑카Lingua France(서로 다른 모국어를 사용하는 사람들이 의사소통을 위해 사용하는 제3의 언어)로 사용하는 인구는 그 수의 4.2배인 15억 명 정도라고 합니다.

영어를 '링구아 프랑카'로 사용하는 사람들의 대부분은 '원어민 표현'이라는 것을 당연히 잘 모릅니다. 그들은 매우 교과서적이고 표준적인 영어를 사용합니다. 그리고 원어민이라면 누구나 이들의 영어를 다 이해합니다. 지금 우리에게 필요한 것은 단순히 유창한 영어가 아니라 자신의 전문 지식과 정보, 통찰력을 전달하는 매개체로서의 영어라고 할 때 우리는 '원어민 영어'와 '링구아 프랑카적 영어' 중 무엇을 배우는 것이 현명한 것일까요?

인터넷 검색을 조금만 하면 특정 상황에서 우리가 일반적으로 사용하는 표현들과 동일한 상황에서 원어민들이 사용하는 표현을 비교해놓은 글이나 영상들을 쉽게 발견할 수 있습니다. 돈을 다 써버려서 친구에게 "돈 좀 빌려줘"라는 말을 '원어민 표현'으로는 "Can you spot me?"라고 한답니다. 여러분은 선뜻 무슨 소린지 이해가 가시나요? 전 세계에 영어를 링구아 프랑카로 사용하는 사람들 중 이를 이해하는 사람이 과연 몇이나 될까요? 이보다는 보편적 표현인 "Could you lend me some money?"라는 문장을 외우는 게 보다 현명한 선택 아닐까요?

외국인이 우리말을 배운다고 생각해 보겠습니다. "I can't wait to see you"라는 표현이 있습니다. 우리말로 "너가 너무 보고 싶어"로 해석됩니다. 이 표현에 대한 우리말의 '원어민적 표현'을 생각해 보면 "보고 싶어 환장하겠어", "보고 싶어 죽겠어", "너 얼굴 까먹겠다" 등을 생각할 수 있습니다. 만약 어떤 외국인이 "I can't wait to see you"가 우리말로 뭐냐고 묻는다면 여러분은 어떻게 하시겠습니까? "당신이 너무 보고 싶습니다"라는 표준적인 표현을 익힌 후, 그러한 상황에서 추가로 쓸 수 있는 다른 표현들(예: 그동안 어떻게 지냈니? 건강은 괜찮고? 너 얼굴이 너무 좋다 등)을 배우는 것을 추천하겠습니까? 아니면 같은 의미에 형태만 다른 '원어민 표현들'을 배우라고 추천하시겠습니까?

동일한 기준에서 여러분이 국제역량을 키우는 데 별 도움이 되지 않는 영어 교재가 있습니다. 바로 영미권 국가에서 제작, 방영된 미드(미국 드라마)와 같은 드라마, TV쇼, 영화 등입니다. 이유는 앞서 설명한 것과 동일합니다. 이것보다는 자신의 업무, 연구 등과 관련이 있고, 공식적이고 표준적인 영어로 쓰여진 보고서, 책, 기사나 연설문 등을 활용해 공부하는 것을 추천합니다. 문장을 소리 내서 읽고, 모르는 단어나 표현은 별도의 공책에 정리하고, 반복적으로 소리 내어 읽으며 암기하는 것이 느리지만 효과는 가장 확실한 영어 공부 방법입니다.

그러면 '원어민 표현'은 언제 공부하면 좋을까요? 영어 공부의 맨 마지막 단계라고 생각하시면 됩니다. 여러분이 링구아 프랑카로서의 영어를 사용해 자신의 지식과 생각을 충분히 전달할 수 있는 수준에 도달한 이후입니다. 원어민 표현이 유용하게 쓰일 수 있는 상황은 영어를 모국어로 사용하는 사람들과 '스몰 토크small talk(일상적 잡담)'를 할 때입니다. 동료들과 점심을 먹고, 커피 한 잔의 여유를 즐기며 나누는 시시껄렁한 잡담이 '스몰 토크'입니다. 많은 영어 전문가와 영미권 국가에 살고 있는 이민자들이 '영어 끝판왕'으로 꼽는 것이 '스몰 토크'입니다. 그 상황에서 사용되는 표현이나 어휘들 중 많은 수가 그 나라에서 태어나서 자라지 않는 한 알기 어려운 것들이 많기 때문입니다. '원어민 표현'을 많이 알면 이런 '스몰 토크' 상황에서 상대방과 조금 더 쉽고 빠르게 어울릴 수는 있습니다. 하지만 그것이 여러분의 국제역량에 기여하는 바는 그리 크지 않습니다.

6

세계 여행하며 돈 버는 삶, 꿈이 아니다

혹시 '디지털 노마드Digital Nomad'의 삶을 꿈꾸고 계시나요? 자신만의 확실한 전문 분야가 있고 이와 관련한 지식과 정보를 영어로 커뮤니케이션 할 수 있는 언어 실력이 있다면 한 번쯤 도전해볼 만하다고 생각합니다.

'디지털 노마드'가 무엇인지 모르는 분들을 위해 간략한 설명을 드리자면, 1998년 수지오 마키모토와 데이비드 매너즈가 쓴 《디지털 노마드Digital Nomad》라는 이름의 책이 출간되면서 대중들에게 알려진 21세기 초연결 시대에 나타난 새로운 직업의 형태를 말합니다. 디지털digital과 유목민을 뜻하는 노마드nomad의 합성어로 일과 주거에 있어 유목민nomad처럼 특정한 장소에 구애

받지 않고 자유롭게 돌아다니면서 필요한 돈은 인터넷을 통해 구한 일감을 처리해서 충당하며 살아가는 사람들입니다.(유튜브에 'digital nomad'로 검색하면 실제 디지털 노마드로 살고 있는 사람들에 대한 영상들을 볼 수 있습니다.)

과거 돈 걱정 없는 일부 부유층만이 누릴 수 있는 삶의 형태였다면, 인터넷 기반의 초연결 사회가 도래하면서 디지털 노마드로서의 삶을 꿈꾸고 또 현실화하는 사람들이 점점 증가하고 있습니다. 스위스의 몽블랑산이 보이는 조용한 카페 창가에서 따뜻한 커피 한 잔을 마시며 이메일로 전달받은 업무를 처리하고 며칠 후 모차르트의 도시 오스트리아 잘츠부르크로 그리고 또 며칠 후 영국 런던으로…. 이처럼 세계를 무대로 자신의 일과 삶에 균형을 맞춰 사는 인생! 상상만 해도 즐겁지 않으신가요?

얼마나 많은 사람이 디지털 노마드로 살고 있는지에 대한 정확한 통계는 없습니다. 하지만 이들의 수가 증가하고 있다는 것은 여러 가지 지표를 통해 확인할 수 있습니다. 미국계 경영 컨설팅 회사인 엠비오 파트너스MBO Partners의 조사에 따르면 2018년 기준 약 480만 명의 미국인이 디지털 노마드로 살고 있다고 합니다. 영국의 최대 노동조합 연맹체인 트레이드 유니온 콘그레스Trades Union Congress는 2015년 기준 디지털 노마드로 사는 영국인의 수를 25만 명으로 추산하고 있습니다. 사무 공간 대여 서비스 기업 '위워크WeWork'의 폭발적인 성장의 이면에도 디지털 노마드가 있습니다. 업무를 위해 초고속 인터넷 사용이 가능한 쾌적한 장소를 찾아다니는 디지털 노마드의 니즈를 정확히 간파한 결과입니다. 2018년 우리나라를 강타한 유튜브 열풍의 원인도 비슷합니다. 월급 이외의 수익을 목표로 유튜브를 시작한 직장인들도 많지만, 시간과 장소에 구애받지 않고 자신만의 콘텐츠를 유튜브에 유통해서 돈을 벌며 자유로운 삶을 살기 위해 시작한 사람들도 많습니다. 실제로 유튜브 수익이 일정 수준 이상이 되자 회사를 그만두고 전업 유튜버로 변신한 사람들도 꽤 있습니다.

우리가 살고 있는 환경도 더 많은 디지털 노마드를 포용할 수 있게끔 변하고 있습니다. 디지털 노마드의 삶의 핵심이 되는 초고속 인터넷 접속이 세계 어디서나 가능하게 만들기 위한 프로젝트들이 추진되고 있기 때문입니다. 민간 우주탐사사업체인 '스페이스X'를 비롯해 페이스북Facebook, 아마존Amazon, 블루오리진Blue Origin, 원웹OneWeb, 텔리셋Telesat 등이 향후 수년 동안 수만 개의 저궤도 통신 위성을 발사하겠다는 계획을 밝혔고, 이것이 현실화되면 우리는 정말 머지않은 미래에 세계 어디에서나 초고속 인터넷 사용이 가능한 환경에서 살게 될 것입니다. 클라우드 기반의 인터넷 서비스 확대도 디지털 노마드 확산에 기여할 것으로 보입니다. 노트북의 성능이 업무를 처리하는데 미치는 영향이 줄어들

것이기 때문입니다.

이제 남은 것은 자신만의 전문성(지식 및 정보)과 영어 실력입니다. 디지털 노마드에게 있어서 특정 분야에 대한 전문성은 필수입니다. 인터넷에 올린 경력과 주요 프로필을 보고 일을 맡기는 고객의 입장에서 전문성에 의심이 가는 사람에게는 일을 의뢰하지 않는 것은 당연합니다. 때문에 일감을 수주하는 웹사이트에 자신의 주요 경력과 전문 분야에 대한 상세한 정보를 정성 들여 기재해놓는 것은 매우 중요합니다.

영어는 바로 이 지점에서 자신을 어필할 수 있는 고객의 범위를 극대화해주는 역할을 합니다. 영어는 디지털 노마드와 그들에게 일을 맡기는 고객들 사이에 가장 많이 사용되는 언어입니다. 우리말로 운영되는 시장의 규모와 비교하면 그 차이는 엄청납니다.(성공적 어필을 위해서는 자신의 전문성을 정확한 영어 표현과 어휘를 사용하여 표현해야 합니다. 온라인상에서는 작은 오류 하나 때문에 전문성을 의심받을 수 있습니다.)

페이스북에서 '디지털 노마드'라는 키워드를 영어로 그리고 우리말로 검색해 보면 언어에 따른 시장 크기의 차이를 실감할 수 있습니다.

영어digital nomad로 검색하면 수만 명의 회원을 거느린 다수의 공개/비공개 커뮤니티들이 나타납니다. 그중 가장 큰 'Digital

Nomads Around the World'의 회원은 무려 11만 명이나 됩니다. 이 안에서는 누구나 영어로 자신에게 필요한 정보를 묻고, 답하고, 자신을 어필하고 이를 통해 일감을 구하는 일이 활발히 벌어지고 있습니다. 반면 우리말(디지털 노마드)로 검색한 결과는 초라합니다. 가장 큰 커뮤니티인 '우리는 디지털 노마드다Korea Digital Nomads'의 회원 수는 고작 1500여 명. 올라오는 내용도 가입 인사말이 대부분이고, 구체적인 정보 교환이나 일감 중개는 거의 이루어지고 있지 않고 있습니다.

구글에 영어로 검색을 하면 더 큰 디지털 노마드 세상과 만날 수 있습니다.

업워크Upwork는 최근 급성장한 일자리 중계 사이트Online staffing firm입니다. 전 세계에 걸쳐 약 1200만 명의 프리랜서, 디지털 노마드가 가입해 있고, 수많은 일감이 이 사이트를 통해 공급되고 있습니다.

노마드리스트Nomadlist.com는 평균 생활비, 인터넷 속도 등 디지털 노마드에게 필요한 생활 정보를 제공하고, 이를 기반으로 전 세계 수백 개 도시의 '디지털 노마드 친화 정도nomad-friendliness'에 대한 순위를 매겨 공개하고 있습니다.

리모트 이어Remote Year는 고객이 4개월-1년의 기간 동안 디지털 노마드의 삶을 '체험'하게 해주는 프로그램을 만들어 제공하고 있습니다.

이 밖에 링크드인, 글래스도어, 인디드, 몬스터 등과 같은 글로벌 구인·구직 웹사이트에도 디지털 노마드에게 적합한 일감이 수시로 올라오고 있습니다.

참고로 유럽을 대표하는 IT, 스타트업 강국인 에스토니아는 2019년 초 세계 최초로 '디지털 노마드 비자digital nomad visa'를 발급하기 시작했고, 앞으로 매년 약 1400명의 디지털 노마드가 자국에서 거주하며 생활할 것으로 전망하고 있습니다. 이 비자를 소지한 디지털 노마드는 에스토니아에서 최대 365일간 머물며 수익 활동을 할 수 있고, 기타 유럽 연합 회원국들을 최대 90일간 자유롭게 돌아다닐 수 있다고 합니다.

1

1500단어면
충분하다

국제역량을 발휘하기 위해 필요한 영어 실력은 어느 정도일까요? 구체적인 기준은 물론 없습니다. 하지만 앞서 국제역량의 핵심이 특정 분야에 대한 전문 지식, 정보, 통찰력이라는 것을 고려할 때 적어도 이를 표현하고 상대방과 소통할 수 있는 수준은 되어야겠지요. 때문에 굳이 기준을 만들자면 자신의 전문 분야와 관련된 핵심 용어와 표현을 중심으로 하여 자신의 '콘텐츠'에 대해 상대방과 소통할 수 있는 수준을 최소한의 영어 실력이라 정의할 수 있겠습니다.

그러면 이런 반론을 제기하시는 분들도 계실 수 있습니다. "세상에 말을 하다 보면 이런저런 시시콜콜한 이야기도 하고, 그 와

중에 일에 관한 이야기도 하지 누가 딱 일에 관한 이야기만 하냐" 고 말이죠. 사실입니다. 지극히 맞는 주장임과 동시에 영어 학습 자의 입장에서는 짜증이 시작되는 지점이기도 합니다. "그러면 도 대체 뭘, 얼마나 알아야 한다는 거야"라고 말이죠. 단어 1000개 만 외우면 되는 건지, 1만 개 이상은 알아야 하는 건지…. 다행인 것은 지금까지 발표된 연구들의 결과를 보면 그 '최소한'의 숫자가 생각보다 많지 않다는 것입니다.

세계에서 가장 명성 있는 영어사전인 '옥스퍼드 영어사전 Oxford English Dictionary'에 등재된 단어는 약 61만 개라고 합니다. 정말 어마어마하네요. 그러면 영어가 모국어인 사람은 이 중 얼마만큼을 알고 또 실제로 사용하고 있을까요?

연구에 따르면 평균적 수준의 원어민average English native speaker은 약 2만 개의 어휘를 알고 있다고 합니다. 대학 졸업 자university-educated people의 경우는 그 두 배인 약 4만 개의 어 휘를 알고 있다고 합니다. 이 숫자는 어디까지나 '알고 있는 어휘 의 수'입니다. 일상에서 실제로 사용하는 어휘의 수는 이보다 훨 씬 적은데요. 일상에서의 대화, 이메일 및 쪽지 작성, 노트 필기 등을 하는데 사용되는 어휘의 수는 약 5000개라고 합니다. 이 범 위 안에 있는 어휘들을 반복 사용하며 말과 글로 소통을 한다는 뜻입니다.

5000개. 어떻습니까? 한번 해볼 만하다는 생각이 드시나요? 아니면 아직 많다고 느껴지시나요?

여기 5000개도 필요 없고, 딱 1500개만 알면 영어로 웬만한 일은 다 할 수 있다고 주장하는 사람이 있어서 소개해 드립니다.

이름은 장폴 네리에르Jean-Paul Nerriere라는 프랑스인입니다. 컴퓨터 공학자이고 세계적인 다국적 기업 IBM의 유럽 본부 부사장까지 역임한 비즈니스맨입니다. 그는 40개국에서 온 동료들과 영어로 업무를 진행한 경험을 바탕으로 비영어권 사람들이 쓰는 영어의 패턴 그리고 국제 행사 등에서 사용되는 어휘들을 분석했고, 2004년 '글로비시Globish(Global과 English의 합성어로 외래어 표기법상 '글로비시'이나 '글로비쉬'로도 쓰임)'라는 개념과 그것을 뒷받침하는 영어 단어 1500개를 발표했습니다. 우리나라에는 2006년 《Don't Speak English 글로비쉬로 말하자!》와 《글로비쉬로 말하자(워크북)》 두 권의 책을 통해 알려졌습니다. 지금까지 중국, 일본, 러시아, 독일, 프랑스, 이탈리아를 포함해 10개국 이상에서 관련된 책이 출판되었고 일본에서는 베스트셀러에 오를 만큼 글로비시는 많은 사람에게 관심을 받았습니다.

네리에르 씨는 자신이 선별한 1500개 어휘를 암기하고, 이를 간단한 문장 구조에 맞춰서 사용하면 누구나, 비즈니스를 포함한 우리가 살면서 경험하는 대부분의 상황에서 쉽게 영어로 의사소통을 할 수 있다고 주장합니다. 그 1500개 단어는 구글에서 검색할 수 있습니다.('1500 Globish Words'라고 검색하면 화면 최상단에 나타납니다.)

단 1500개의 제한된 단어로 광범위한 주제에 대한 말을 하려면 몇 가지 제약 사항이 있습니다.

- 짧은 문장short sentences으로 말하라
- 단순한 문장 구조simple syntax로 말하라
- 은유법figure of speech은 쓰지 말고, 직설적으로 말하라
  (예: have butterflies in the stomach → I am very nervous)
- 축약어abbreviation는 사용하지 않는다
- 농담, 유머스러운 말avoid all jokes, humor은 피한다
- 유려한 표현colorful expressions도 피한다
- 뉘앙스 있는 말nuanced language이 필요할 때는 말 대신 손짓 발짓gesticulation으로 한다
- 말은 평소 말하는 속도의 ⅔ 속도로deliberately pronouncing words at two-thirds of a normal conversation speed, 발음은 아주 똑 부러지고 또렷하게speak slowly while articulating as distinctly as possible한다

이처럼 글로비시에는 다양한 제약 사항이 있습니다. 따라서 개인의 국제역량을 키우기 위해 영어를 배우는 사람에게는 2% 부족한 도구입니다. 하지만 글로비시 정복을 영어 공부를 하는 첫 번째 목표로 삼는 것은 좋은 선택입니다. 우선 1500개 단어만 외우면 되기 때문에 심리적으로 부담이 적습니다. 그리고 이것만 외우면(글로비시 이론이 맞다는 전제로) 의사소통이 가능해지기 때문에 실용성도 높습니다. 하지만 실전에 들어가면 앞서 언급한 글로비시의 한계점들 때문에 겪는 어려움이 하나둘씩 보일 것이고 이것이 추가적인 영어 공부를 하게 만드는 자극제가 될 수 있습니다. 영어 공부라는 마라톤 경기를 중간에 포기하지 않고 잘 뛰기 위해서는 중간중간 재미와 보람, 도전감이라는 자극제가 꼭 필요합니다.

글로비시와 관련한 재미있는 비화가 있어서 소개합니다.

2009년 1월 영국 BBC방송과의 인터뷰에서 네리에르 씨는 한국 사람이 포함된 한 국제 회의에 참석한 후 글로비시를 개발해야겠다는 생각을 갖게 됐다고 했습니다. 그것은 그가 IBM 근무 시절 자신이 한국, 영국, 브라질에서 온 동료들과 만난 자리였다고 합니다.

"나는 한국 그리고 브라질에서 온 동료와 우리만의 어떤 영어a form of English로 대화를 했습니다. 우리들은 서로가 하는 말을 완벽하게perfectly 이해하고 너무나 잘 어울렸습니다. 그런데 영국에서 온 동료는 도통 어울리지 못한 채 소외the Englishman was left out되더군요."

이러한 현상에 대한 원인으로 그는 영국인 동료의 영어가 '너무 섬세하고too subtle', '많은 의미가 과도하게 함축된too full of meaning' 영어를 써서 다른 동료들이 그의 말을 잘 이해하지 못했기 때문이라고 했습니다. 다시 말하면 그 영국인은 영어가 외국어인 동료들을 배려하지 않은 채 원어민 영어를 썼고, 이를 이해하지 못한 동료들은 그와의 대화에 어려움을 느꼈고, 그 결과 영국인이 대화에서 소외당했다는 것이죠. 이를 통해 그는 '국제어'로서의 영어 표준이 필요하다는 생각을 했고, 그 결과물이 '글로비시'입니다.

인터뷰에서 그는 원어민들에게 영어가 모국어가 아닌 사람들에 대한 언어적 배려도 강조했는데요. 쌍방 간 영어 실력에 차이가 있는 상황에서는 실력이 높은 사람이 낮은 사람의 눈높이에 맞춰 영어를 구사해야 한다는 조언입니다. 쉽고, 표준적인 단어와 표현의 사용, 적당한 속도와 발음이 이에 해당합니다. 그렇지 않은 원어민에게는 원활한 소통을 위해 글로비시적 영어를 사용하라는 요청을 하는 용기도 필요하다고 그는 말합니다.

반복하지만 국제역량을 키우는 측면에서 글로비시는 분명 2%

부족한 도구입니다. 하지만 영어라는 길고 험한 여정을 시작할 용기를 학습자에게 준다는 측면에서는 분명 의미가 있습니다. 그리고 무엇보다 우리가 익히고, 지향해야 할 영어가 무엇인지에 대한 구체적인 방향과 그림을 제시했다는 점에서 영어 학습자라면 한번쯤은 글로비시에 대해 살펴보기를 추천합니다.

PART 2

—

옛날 공부 방식으로는
승산 없다

Ⅰ

미드로 영어 공부하다
시간만 낭비한 김 과장

시대에 맞지 않는 방식의 영어 공부로 인생의 쓴맛을 본 필자의 지인에 관한 이야기입니다. 김 과장은 국내 모 명문대 출신으로 대형 건설 회사에서 근무하고 있습니다. 만점에 가까운 토익 점수를 보유한 그는 입사할 당시 '영어 좀 하는 사람'이라며 많은 사람의 주목을 받는 직원이었습니다.

해외에 많은 사업 현장을 운영하고 있는 회사였기에 자신의 영어 실력을 발휘할 기회가 많을 것이라 믿었던 김 과장. 하지만 현실은 달랐습니다. 기껏해야 한 달에 한두 번 영어로 짧은 이메일을 쓰는 것이 전부였습니다. 언어란 자주 쓰지 않으면 실력이 감퇴하는 법. 어느 날 자신의 영어 실력이 많이 떨어진 것을 느꼈다고 합니다. 영어 공부를 다시 하겠다고 마음먹은 김 과장. 자신의 생활 패턴과 관심사 등을 종합적으로 고려해서 그가 선택한 공부법은 출, 퇴근 시간 지하철에서 최신 미드(미국 드라마)를 보며 생활 영어를 공부하는 것이었습니다.

✏️ 김 과장이 미드를 보며 익힌 문장들

"I'm not a picky eater."	저는 편식 안 해요.
"This coffee hits the spot."	이 커피 딱 내 스타일이네.
"I was zoning out."	잠깐 멍 때리고 있었어.
"Don't be coy with me."	내숭 떨지 마.
"Don't be hard on yourself."	너무 자책하지 마!

한글/영어 자막이 달린 미드를 6개월쯤 꾸준히 본 후 김 과장은 예전만큼은 아니지만, 어느 정도 자신의 영어 실력을 회복했다는 기분이 들었다고 합니다. 자신감 또한 충전됨을 느꼈고요. 그러던 어느 날 사무실에 한 외국인 고객이 방문했고, 김 과장의 상사가 그를 호출했다고 합니다. 상사는 "큰 내용이 아니라 통역사를 부르지 않았고, 대신 영어 좀 하는 자네가 통역을 좀 해줬으면 좋겠네"라는 요청을 했다고 합니다. 그동안 갈고닦은 영어 실력

을 발휘할 기회를 잡은 김 과장. 자신 있게 그 회의에 통역으로 배석했다고 합니다. 그리고 시작된 상사와 외국인 고객과의 대화.

(대화 내용은 구체적 내용을 제외하고 다시 구성했습니다.)

🗨 **외국인 고객:** "완공 예정일이 6월 29일인데, 공정은 문제없이 진행되고 있죠? 이거 늦어지면 큰일납니다."

🗨 **김 과장의 상사:** "원가 구조가 맞지 않아서 조금 지연되고 있습니다. 혹시 추가 자금 투입이 가능할까요?"

🗨 **외국인 고객:** "그건 좀 어려운데요. 저희도 고수해야 할 이익률이 있어서요."

🗨 **김 과장의 상사:** "그러면 고정비는 어쩔 수 없으니, 변동비 쪽을 좀 조정해 봐야겠네요."

(후략)

완공 예정일, 공정, 원가 구조, 추가 자금, 이익률, 고정비, 변동비…. 미드에서 듣지도, 보지도 못한 단어들이 마구 쏟아져 나오는 회의가 1시간 동안 이어졌다고 합니다. 그렇다고 지금 와서 못 하겠다고 할 수도 없는 상황. 회의가 계속될수록 그의 머릿속은 하얘졌고, 얼굴은 빨갛게 달아올랐다고 합니다. 10시간처럼 느껴진 회의가 끝난 후 자괴감에 빠진 김 과장. "지금껏 무얼 공부

한 것인가"라며 스스로를 책망하고 있는 김 과장에게 실망감 가득
찬 표정의 상사가 다가와서는,

"야! (버럭) 너 영어 잘한다며!"

영어 잘한다던 김 과장에게 이런 시련이 닥친 이유는 무엇일
까요?

무리한 통역을 부탁한 상사의 책임은 차치하고, 그가 이런 곤
란을 겪은 가장 큰 이유는 그가 영어 공부의 방향을 잘못 설정했
기 때문입니다. 학습한 영어의 내용과 자신이 영어를 사용할 환경
과의 괴리 때문입니다.

미드에 나오는 영어 표현들 물론 배우면 좋습니다. 토익 같은
영어 시험을 준비할 때 도움이 되고, 적재적소에 잘 사용하면 외
국인들과의 친밀감을 높이는 데 도움이 됩니다. 하지만 결론적으
로 그것은 김 과장에게 필요했던 영어는 아니었습니다. 그에게 필
요했던 영어는 직무와 관련된 건설, 경영 관리, 재무 관리와 관련
된 어휘와 표현들이었습니다. 이런 내용은 토익 만점을 받았다거
나, 해외 유학을 다녀왔다고 해서 잘할 수 있는 것이 아닙니다. 해
당 분야에 대한 지식과 이해 그리고 관련된 영어를 따로 공부하지
않으면 할 수 없습니다. 자신이 '영어 좀 한다'고 해서 준비 없이
나섰다가는 김 과장처럼 망신당하기 십상입니다.

이제 우리는 '영어 잘한다'라는 말의 개념을 재정의해야 합니

다. 지식과 정보가 주도하는 사회에 우리가 살고 있기 때문입니다. 정보 통신 기술의 발달로 지식과 정보의 양과 깊이가 하루가 다르게 커지고, 깊어지고 있습니다. 한 사람이 모든 지식과 정보를 다 알 수 없듯, 한 사람이 모든 것에 대한 영어를 다 잘할 수 없습니다.

직장인 영어 학습자라면 특히 이 부분을 잘 생각해야 합니다. 자신이 갖고 있는 지식과 정보가 무엇인지. 그리고 이를 활용하기 위해서는 어떤 영어가 필요한지 말이죠. 학습의 지향점은 지식, 정보, 영어의 결합을 통한 새로운 가치의 창출입니다.

충분히 생각하시기 바랍니다.

섣불리 결론 내리고 공부했다가 김 과장과 같은 처지가 되면 안 되지 않겠습니까.

2

'미래 지향적' 공부는
목표부터 다르다

성인이 영어를 공부하기 전 가장 먼저 해야 하는 것은 공부를 하고자 하는 이유, 즉 목표를 설정하는 것입니다. 목표는 매우 구체적이고, 학습의 범위는 좁고 한정적이며, 성패가 분명한 것일수록 좋습니다.

제 주변에는 해외 여행을 다녀온 후 영어 공부의 필요성을 느꼈다는 분들이 많습니다. 구체적 상황은 모르지만 자신이 하고 싶은 말이 있었는데 하지 못했기 때문입니다. 이런 분들께 영어 공부의 목표가 뭐냐고 물으면 십중팔구 '해외 여행을 갔을 때 필요한 영어'라고 합니다. 하지만 이는 좋은 목표가 아닙니다. 학습의 대상과 범위가 불명확하기 때문입니다. 해외 여행 중 가장 흔하게 영어를 사용하는 경우는 쇼핑이나 레스토랑에 갔을 때입니다. 하지만 현지에서 만난 외국인과 대화를 하는 경우도 있을 수 있습니다. 그때 대화에 나올 수 있는 주제는 천차만별일 것입니다. 때문에 이런 경우 '해외 여행을 갔을 때 필요한 영어'라는 목표보다는 보다 구체적인 상황에 대한 영어를 공부하는 것을 목표로 삼는 것을 추천합니다. '백화점 쇼핑에 필요한 영어'나 '레스토랑에서 필요한 영어'처럼 말이죠. 직장과 관련된 이유로 영어 공부를 하는 경우도 동일합니다. 정체가 불확실한 목표보다는 '다음 달 외국인 바이어 앞에서 영어로 발표를 하겠다', '업무 관련 영문 보고서나 기사를 읽겠다' 등과 같은 구체적인 목표가 좋습니다. 시험을 준비하고 계시다면 '이번 달 말까지 영문법 참고서를 20번 보겠다'라거나 '시험 전까지 기출 문제집을 10번 반복해 풀겠다'는 것도 좋은 목표입니다.

목표가 너무 겸손한 것 아니냐고 생각할 수 있습니다. 하지만 언어 공부라는 것이 처음에 작은 목표로 시작했다 하더라도 공부를 계속하다 보면 자연스럽게 목표한 범위를 넘어서 그 주변부로 확대되는 특징을 갖고 있습니다. '백화점 쇼핑'에 필요한 영어 공부가 목표라고 생각해 보겠습니다. 시작은 백화점 쇼핑이지만 그것을 공부하다 보면 자연스럽게 백화점에 있는 각종 제품과 시설들의 영어 명칭도 알게 됩니다. 그리고 그 범위는 점차 확대되어 백화점을 가기 위한 교통수단, 이를 이용하기 위한 환전 및 환승과 관련된 영어로 확장됩니다. 결국 세상은 상호 연결되어 있기 때문입니다.

생각해 보면 우리들이 태어나서 처음으로 모국어를 배우는 과정도 이와 비슷하지 않을까 싶습니다. 사람마다 다르겠지만 태어나서 알게 된 첫 번째 단어가 있었을 것입니다. 많은 경우 "엄마"가 아니었을까 싶은데요. 그 후 그것과 연관된 단어를 하나씩 더 알게 되고 이를 활용하여 다양한 표현을 했을 것입니다. "엄마 이거", "엄마 저거", "엄마 싫어", "엄마 좋아", "엄마 밥", "엄마 물"처럼 말이죠.

이렇게 시작된 모국어 습득은 시간이 지나고 가족 이외의 사람들과 어울리기 시작하면서 급격히 확장하게 됩니다. 이처럼 언어 학습의 시작은 매우 좁고, 구체적인 내용에서 시작했다고 하더라도 학습의 길이가 길어지면 지식의 범위는 자연스레 그 주변부로 확장하게 됩니다. 연결 사회에 사는 한 당연한 흐름이고 결과입니다. 그리고 이를 통해 우리는 언어 학습의 방점이 학습을 시작할 때의 학습 범위나 내용이 아니고 포기하지 않는 꾸준한 학습에 있다는 것을 알 수 있습니다.

또 다른 예로 코로나바이러스 사태를 들어 보겠습니다. 이는 거의 백여 년 만에 발생한 세계적 유행병이기 때문에 저도 기사를 쓰기 위해서는 새로 알아야 할 어휘들이 많았습니다. 우선 기존에 알고 있었던 어휘들을 떠올려 봤습니다. outbreak(발병), test positive(바이러스 양성), test negative(바이러스 음성), infection (감염), is infected with(~에 감염되다), death toll(사망자 수) 등이 우선 떠올랐습니다. 자주 발생하는 사건이 아니다 보니 머릿속에 들어 있는 관련된 어휘의 양이 그리 많지 않았습니다. 그때부터 구글 검색을 통해 관련된 영어 기사와 각종 자료들을 마구잡이로 읽기 시작했습니다. 당시 상황은 악화일로였기 때문에 하루에 쏟아져 나오는 기사의 양은 어마어마했습니다. 시간이 날 때마다 관련된 기사들을 읽었고, 그때마다 새로운 단어와 표현들을 볼 수 있었습니다. '계약'이라는 명사적 뜻만 알고 있던 contract가 동사로 쓰이면 '병에 걸리다', '바이러스에 감염되다'라는 뜻을 갖는다는 것을 이때 알게 됐습니다. 같은 뜻의 구어적 표현으로 'come down with'가 있다는 것도 알게 됐습니다. 학습의 꼬리 물기 현상은 여기서도 다시 한번 확인할 수 있었습니다. 상황 초기에는 발병outbreak, 감염infection에 관한 기사가 많이 나왔고 관련 기사들을 읽으며 다양한 어휘들을 익힐 수 있었습니다. 그 후 정부의 대응 방향은 예방과 상황관리로 전환됐고, 개인위생personal hygiene, 방역disinfection, 위생처리sanitization, 격리quarantine에 관한 기사들이 급증했습니다. 사상 초유의 '사회적 거리두기social distancing'가 시작된 것이 이때입니다. 발병과 감염에 집중됐던 어휘 공부는 자연스레 위생, 방역, 격리로 확장됐고, 미국에서 휴지 사재기hoarding of toilet paper가 발생한 이유, 미국인과 유럽인이 마스크를 쓰지 않는 이유와 같은 문화적 차이에 대한 학습과 이해까지 확장됐습니다.

영어를 공부하는데 있어 피해야 할 생각은 '영어를 마스터하겠다'는 것입니다. 이것은 가능하지도 않을뿐더러, 당장 필요하지 않은 것을 공부하게 만들어 시간 낭비를 초래할 가능성이 큽니다. 우리가 자유자재로 한국말을 쓰듯이 영어를 마스터하겠다는 것은 영미권 국가에서 태어나고 자랐거나, 아주 어린 나이에 이러한 지역으로 이주하여 생활하지 않고서는 불가능합니다. 전 세계가 인터넷을 통해 하나로 연결되었다 해도 영어를 마스터한다는 것은 쉽지 않습니다. 10년이 넘도록 영문기자로 활동하고 있지만, 여전히 아는 것보다 모르는 게 많은 것이 영어입니다.

저의 또 다른 경험을 통해 영어 공부에 있어서 좁고, 구체적인 목표 설정이 왜 중요한지 설명하겠습니다.

저는 토익 시험을 2001년에 처음 봤습니다. 카투사에 입대하고 싶었거든요. 300점대의 충격적 점수를 받은 후 카투사에 대한 꿈을 과감히 포기하고 육군으로 입대했습니다. 군대 아시죠? 몸은 열심히 구르지만 뇌는 '편~히' 쉬는 곳입니다. 너무 편히 쉬었는지 2004년 6월 전역할 즈음에 영어 실력은 experience의 뜻도 생각나지 않을 정도의 처참한 수준이었습니다. 그 후 3년이 지난 2007년 8월에 어떤 일이 벌어졌는지 아시나요? 제가 영문기자가 되었습니다!

2001년 토익에서 300점대 점수를 받고, 그 후 2년간 군대를 다녀온 후 2004년에 대학에 복학했고, 그 후 3년이 지난 2007년 영문기자가 된 것입니다. 제가 봐도 신기한 스토리 전개입니다.

저는 이 모든 것이 구체적 목표 설정과 학습 범위에 대한 선택과 집중 때문에 가능했다고 생각합니다. 물론 주말과 공휴일을 반납하고 하루에 10시간 이상씩 공부한 열정과 끈기를 빼놓을 수는 없습니다. 군대 전역 후 저의 영어 학습 목표는 '영문기자가 되자'였습니다. 그리고 '어떻게 하면 영문기자에게 필요한 영어 글쓰기 실력을 갖출 수 있을까'에 대해 고민했습니다. 그리고 '영어 신문만 보자'라는 결론을 내렸습니다. 영문기자가 하는 일은 영어로 기사를 쓰는 것입니다. 그 결과물을 내가 만들어낼 수만 있다면 '나도 영문기자가 될 수 있겠구나'라고 생각을 했습니다.

그래서 그 후 3년간 영어 뉴스에 '젖어서' 살았습니다. 영어 소설, 미드 같은 것은 보지 않았습니다. 오로지 뉴스만 읽고, 문장 구조를 분석하고, 모르는 단어나 숙어는 하나하나 찾아서 공책에 적고 반복해서 읽으며 외웠습니다. 중요하다고 생각하는 기사는 공책에 받아 썼습니다. 정치(정당, 선거, 대통령, 외교, 국방 등 세분화하여 공부), 경제(경제정책, 증권, 금융, 금리, 부동산, 국제경제 등), 사회(사건사고, 자연재해, 수사, 재판, 노동, 교육, 인권, 복지 등), 문화(가요, TV쇼, 드라마, 전시회, 콘서트 등), 스포츠(축구, 야구, 농구 따위) 등 주제별로 세분화해 접근하였습니다.

한 번 공부할 때 한 주제에 관련된 지문만 모아서 집중적으로 공부를 했고, 모르는 단어나 표현들은 별도의 공책 한 권에 모아서 정리하고(단권화 전략), 반복해서 보며 암기했습니다. 좋은 문장은 통째로 적고 외웠습니다. 이렇게 3년간 두꺼운 공책 네 권을 빼곡히 채우며 공부했습니다. 수천 개의 기사를 이렇게 공부하다 보니 주제별로 자주 쓰이는 단어, 숙어, 표현 등이 눈에 익기 시작했고, 영문 기사 작성에 자주 사용되는 문법 요소, 문장 구조 등도 차츰 익숙해졌습니다. 입사 동기 중에는 해외파가 다수 있었습니다. 전체적 영어 실력에서는 당연히 제가 뒤처졌지만, 기사 쓰기에 있어서는 대등한 실력이었습니다. 그들이 교과서, 소설, 드라마 등 다양한 소스를 통해 영어를 배운 것과는 달리, 저는 오로지 신문 기사만 읽고, 쓰고, 외우면서 영어를 익혔기 때문이었습니다.

여전히 영어가 난공불락의 요새처럼 느껴질 때가 많습니다. 특히 미드나 소설에 쓰이는 단어나 표현들 중에는 모르는 것이 꽤 있습니다. 뭐 어쩔 수 없습니다. 신문 기사만 갖고 공부를 한 학습자의 불가피한 한계입니다. 하지만 대신 뉴스 영어는 어느 정도 잘한다는 데 만족하고 있습니다. 나름대로 한고비는 넘겼으니 이제 한숨 고르고 소설과 미드 속 영어에도 도전할 생각합니다. 물론 구체적인 목표와 학습 대상을 정하고 말이죠.

3

'시간 없다'는 변명은
이제 그만

세상에 핑계 없는 무덤 없다고 하죠. 마음속으로는 영어 공부를 하고 싶지만 선뜻 행동으로 옮기지 못하는 분들은 다 자기 나름의 핑계가 있을 것입니다. 대표적인 두 가지 핑계는 '시간이 없어서'와 '피곤해서'가 아닐까요?

아침에, 피곤에 절어 무거운 몸을 겨우 일으켜 일터로 향합니다. 해도해도 끝이 없는 업무, 각종 스트레스와 싸우며 일과를 마치고 집에 오면 오후 7-8시. 저녁을 먹고 한숨 돌리면 밤 10시. 잠시 TV를 보거나 책을 펴면 어느새 눈꺼풀이 반쯤 내려와 있고, 그렇게 잠들면 또 하루의 해가 밝아 옵니다. 새로운 하루, 하지만 비슷한 일상의 반복. 그렇게 넘어가는 하루하루들…. 이렇게 월,

화, 수, 목요일, 그리고 드디어 기다리고 기다리던 금요일이 지나면 주말이 옵니다. 가족, 친구, 애인과 함께 즐거운 주말을 보내고 나면 지난주와 별반 다르지 않은 '바쁘고, 피곤한' 한 주가 또 시작됩니다. 사람들의 삶은 대체로 비슷합니다. 바쁘고, 피곤합니다. 그럼에도 우리 주변에는 뭔가를 해내는 사람들이 꼭 있습니다. 그들은 나와 무엇이 달랐길래 바쁘고 피곤한 와중에 새로운 것을 해낼 수 있었던 걸까요? 아마도 질문의 답은 '뜻이 있는 곳에 길이 있다Where there's a will there's a way'는 옛말에서 힌트를 얻을 수 있지 않을까 싶습니다.

제 대학원 동문 중에는 모 방송국 드라마PD가 있습니다. 이름만 대면 누구나 알 만한 시트콤을 연출한 분입니다. 바쁜 촬영 일정에도 불구하고 그분은 이미 다른 학교에서 예술학으로 석사를 땄고, 두 번째 석사 학위 취득을 앞두고 있었습니다. 그사이에 책도 한 권 썼습니다. 졸업식을 앞두고 그분이 후배들에게 특강을 하는 자리가 있었습니다. 강의 말미의 Q&A시간에 한 학생이 질문을 했습니다. 그 학생도 모 언론사의 부장급 간부였습니다.

💬 학생: 평일에는 일정이 불규칙하니, 결국 안정적으로 시간을 낼 수 있는 것은 주말뿐입니다. 그런데 주말에는 애들이랑도 놀아줘야 하고, 뭐 좀 하려고 하면 와이프가 눈치를 줍니다.

선배님은 이런 상황에서 어떻게 석사 학위를 두 개나 따고, 책까지 쓰셨나요?

● PD: 하고 싶은 무언가가 있다고 생각해 봅시다. 그것을 어떻게 달성할 수 있을까를 생각할 때 '평일은 시간 내기 어려워서', '주말에는 애들이랑 놀아줘야 해서', '와이프 눈치도 있고'처럼 안 되는 이유만 계속 나열하다 보면 결국 결론은 '못 한다'가 될 수밖에 없습니다. 저도 PD로서 일이 많습니다. 아이들도 있고, 와이프도 있습니다. 저와 여러분이 처한 여건은 똑같은데 저는 어떻게 이런 걸 다 해냈을까요?

생각을 바꿔야 합니다! 안 되는 이유를 나열하지 말고, 어떻게 하면 되게 만들 수 있을까를 생각하고 아이디어를 나열해 보세요. 저는 주말에 시간을 최대한 내서 공부를 하고 책을 썼습니다. 이를 위해 저는 평일에 최대한 빨리 일을 끝내고 집에 와서 아이들과 놀아주고, 와이프를 도왔습니다. 주말에 할 일을 평일에 한 거죠. 그 대가로 저는 주말에 시간을 얻었습니다. 주말 시간을 얻기 위해 평일에는 최대한 압축적이고 효율적으로 일을 했습니다. 커피 한 잔 마시는 시간도 최대한 줄였습니다. 필요 없는 잡담은 물론이고요. 약속도 꼭 필요한 것이 아니면 잡지 않았습니다. 그 시간에 일을 했습니다. 그리고 빨리 퇴근

해서 아이들과 놀아주고 와이프를 도왔습니다. 이것 때문에 못 한다, 저것 때문에 힘들다고 생각하면 결국 결론은 못 한다가 됩니다. 반대로 '어떻게 하면 가능하게 할 수 있을까'를 고민하면 결국 그것을 가능케 하는 방법을 찾을 수 있습니다.

도널드 트럼프 미국 대통령도 이 PD처럼 '선 결정, 후 계획'이라는 전략으로 자신이 원하는 목표를 달성한다고 합니다. 트럼프의 최측근인 폼페이오 국무부 장관은 폭스 비즈니스와의 인터뷰에서 "트럼프 대통령은 결정을 내린 뒤 자료와 사실을 흡수하고he makes decisions and then absorbs data and facts, 목표를 달성하기 위해 정책을 수정해야 할지 평가한다adjust our policy to achieve those goals"고 했습니다. 폼페이오는 또 "대통령은 달성하려고 노력하는 목표에 항상 집중하고 있다the President is always very focused on what's the objective"며 "대통령은 옳은 일이라고 결론을 내리면 좌고우면하지 않고 그 방향으로 나간다the President will move in that direction if he concludes that it's the right thing to do"라고 했습니다. 탈도 많고, 논란도 많은 인물이지만 그를 부동산 거부, 미국의 대통령이라는 자리에 올려놓은 데는 이런 문제 해결 방식이 작용한 것은 분명해 보입니다.

종종 탑 스타들의 열애설에 놀랄 때가 있습니다. '바쁜 와중에 어떻게 시간을 내서 연애까지….'하며 말이죠. 스케줄이 끝난 늦은 밤, 지쳤을 만도 하지만 그들은 마스크에 모자를 쓰고 연인과의 짧지만 달콤한 순간을 위해 길을 나섭니다. 결국 정성의 문제이고, 의지의 문제입니다. 뜻이 있으면 바쁜 와중에도 시간을 만들어낼 수 있고, 사그라진 체력을 다시 일으킬 수도 있습니다.

혹시 지금 영어 공부에 관심은 있지만 '공부할 시간이 없고, 피곤해서 못 한다'고 생각하고 계신가요? 가슴에 손을 얹고 솔직히 자문해 보시기 바랍니다. 정말 시간이 없고 체력이 부족한 것인지, 아니면 의지와 정성이 부족한 건지 말이죠.

4

할 수밖에 없는
환경을 만들자

'졸업 논문'이라는 녀석과 대적한 경험이 있는 분은 공감하실 겁니다. 승부를 결정짓는 것은 머리가 아니라 엉덩이와 인내심이라는 것을요. 그리고 승리는 목, 허리, 어깨의 통증을 견디고, ET로 상징되는 배 불뚝, 다리 홀쭉 몸매로 변신한 것에 대한 보상이라는 걸 말이죠. 저의 석사 논문에 대한 기억은 '고통'이라는 단어로 요약됩니다. 읽고 분석해야 하는 자료의 양도 많았지만 꾸부정한 자세로 인해 목, 허리, 어깨에 오는 통증이 너무나 고통스러웠습니다. 눈 떠 있는 시간의 대부분을 책상에 앉아 있으니 소화도 잘 안 됐습니다. 좌식 생활이 계속되니 날이 갈수록 머리는 멍해지고 컨디션도 안 좋아졌습니다. 악순환의 연속이었습니다. 주말 아침에 일어나면 책상에 앉았고, 읽고 쓰기를 반복하다가 새벽이 되어서야 쓰러지듯 침대에 누웠습니다. 평일에도 퇴근 후 대부분의 시간을 논문을 쓰는데 썼습니다. 이렇게 6개월을 보낸 결과 졸업 논문을 완성할 수 있었습니다. 논문에 교수님이 합격 도장을 찍어주시던 그 순간, 얼마나 감격스럽던지요. 힘든 시간을 버틸 수 있게 한 것은 졸업이라는 목표였습니다. 졸업을 하려면 논문이 꼭 필요했고, 한 번 떨어지면 다음 심사까지 최소 반년을 기다려야 했습니다. 다음번엔 합격할 거라는 보장도 없었고요. 때문에 제가 해야 할 것은 딱 하나였습니다. 오직 합격. 논문을 써야만 했고, 또 쓸 수밖에 없는 상황이었기 때문에 그 힘든 시간을 견딜 수 있었습니다.

사실 이렇게 절박하게 달려들면 세상에 못 할 건 없다는 생각이 듭니다. 영어 공부도 마찬가지입니다. 문제는 특별한 상황이 아닌 이상 영어 공부에 대해 이런 절박감을 갖는 게 쉽지 않다는 것입니다. 게다가 우리 일상에는 영어 공부를 방해하는 요소들이 너무나 많습니다. 일도 많고, 약속도 많습니다. 그러면 피곤해지고, 영어 공부는 자연히 후순위로 밀리게 됩니다. 그리고 요즘 재미있는 게 좀 많나요. 핸드폰 버튼 몇 번만 누르면 게임, 웹툰, 넷플릭스, 유튜브 등 온갖 재미있는 것들을 내 손안에서 즐길 수 있는 세상입니다. 그 결과 야심차게 시작한 영어 공부가 작심삼일로 끝나는 경우가 허다합니다.

그러면 영어 공부를 멈추지 않게 하는 방법은 없을까요? '멈출 수 없게'가 더 정확하겠네요. 제가 몇 가지 방법을 알려드리겠습니다.

(1) SNS에 떠벌려라

페이스북, 인스타그램과 같은 쌍방향 소통이 가능한 SNS는 어렵게 시작한 영어 공부를 멈추지 않게 도와주는 좋은 도구입니다. (이하 페이스북 사용을 전제로 말씀드리겠습니다.) 우선 영어 공부를 하기로 마음먹었으면 그 사실을 페이스북에 올리시기 바랍니다. 단순히 '영어 공부 시작'이라고 올리는 게 아니라 공부 목표, 이유, 목표 달성을 위해 필요한 하루하루의 공부량을 구체적으로 적는 게 좋습니다. 그 후 실천 여부와 내용을 일기처럼 매일 씁니다. 예를 들면 '영어 표현 외우기 100일 프로젝트 / 교재: American English Expression (896페이지) / 하루에 8페이지씩 본다' 이런 식으로 말이죠. 분명 많은 응원의 댓글이 달리겠죠?

다음 날 첫 번째 공부가 끝나면 그 결과를 일기처럼 쓰는 겁니다. '영어 표현 외우기 100일 프로젝트 - 1일차. / 교재: American English Expression (896페이지) / 목표로 한 8페이지를 봤다. 근데 이거 쉽지 않다. 생각보다 시간이 엄청 걸린다. 아무래도 한

번에 다 보지 말고, 출근 때 한 장, 점심때 한 장, 퇴근 때 한 장, 집에 와서 다섯 장으로 봐야 할 듯하다.' 뭐 이런 식으로 말이죠. 사람들의 댓글이 또 달릴 것입니다. 공부를 못 한 날은 왜 못 했는지, 무슨 생각을 했는지, 애로 사항이 있다면 무엇인지 등을 적습니다.

이렇게 하루하루 적다 보면 영어 공부가 자신과의 싸움이 아닌 남들과 함께하는 미션 수행을 하는 듯한 기분을 느끼게 됩니다. 그날의 결과에 대한 타인의 응원, 조언 및 의견 교환도 이루어지기 때문에 새로운 재미도 생기게 됩니다. 그렇게 100일을 달리다 보면 비록 896페이지를 다 보지 못했을 수는 있지만 적어도 400-500페이지를 보는 데는 성공했을 것이고 거기서 본 많은 수의 영어 표현들은 이미 내 것이 됐을 것입니다.

제가 아는 한 기자는 이러한 방법으로 '100일 다이어트'에 성공했습니다. 매일매일 자신이 먹은 것, 어떤 운동을 얼마나 했는지, 체중 변화 추이를 자신의 페이스북에 적었습니다. 회식이 있는 날은 '회식 때문에 과식했다'고 솔직히 적었습니다. '내일은 오늘 못 한 운동까지 하겠다'는 다짐과 함께 말이죠. 그의 99일차 일기의 일부를 옮겨 봅니다.

'드디어 몇 시간 안 남았습니다. D-1 날은 전망 좋은 카페에서 커피 한 잔과 쿠키 한 조각을 먹으며 다이어트 100일을 결산하고 싶었는데…, 그러고 싶었는데…, 싶었는데… (중략) 어제 벼락치기 파워워킹을 끝내고 집에서 새벽 1시까지 근력 운동을 하다 피곤해서 쓰러져 잤는데 일어나 보니 체중이 70.5kg! '와, 드디어 지겹고 지겨운 71kg대를 끝냈구나. 하지만 0.5kg남았네 에휴…. (후략)'

이 기자의 100일간의 다이어트 일기를 보면 매일매일 자신의 행위를 기록한다는 것이 목표 달성에 얼마나 큰 도움을 주는지 느끼게 됩니다.

(2) 학원에 등록하라

학원에 등록하는 것도 공부에 강제성을 부여하는 방법입니다. 영어 공부에 관심 있는 사람들끼리 모여 공부하는 학습 모임도 좋습니다. 하지만 돈이 들어간 학원이 좀 더 구속력이 크지 않을까요? 학원은 직장에서 가까운 곳이 좋습니다. 그나마 조금이라도 체력이 남았을 때 공부하는 게 좋습니다. 집과 가까워질수록 체력은 더 떨어지고 마음도 느슨해지기 마련이죠.

요즘은 영어 인터넷 강의(인강)를 활용하는 분도 많습니다. 다수의 영어 인강 업체들이 성업을 하고 있고, 유명 연예인을 모델로 기용해서 공격적 마케팅을 하고 있습니다. 이런 업체들의 성장을 소위 마케팅, 홍보빨 아니냐고 평가 절하하는 분들도 계신 것으로 압니다. 그럴 수도 있습니다. 하지만 제가 여기서 말씀드리고자 하는 것은 인강이 영어 공부를 꾸준히 하는 습관을 만드는 데 도움이 될 가능성이 있다면 한 번 활용해 보시라는 것입니다. 영어 공부는 장기전입니다. 책 한 권 외웠다고 어느 날 갑자기 입이 터지지 않습니다. 배우면 까먹고, 또 배우면 또 까먹는 낭비처럼 보이는 이 과정을 수없이 반복하면서 조금씩 실력이 향상됩니다. 때문에 영어 공부 초반에 중요한 것은 당장 내가 보고 있는 책에 나온 단어, 문장을 하나라도 더 외우는 게 아니라, 오늘, 내일, 모레, 글피 꾸준하게 흔들리지 않고 공부를 하는 습관을 들이는 것입니다.

(3) 내기를 해라

칭찬이 고래를 움직인다면, 내기는 사람을 움직인다? 가족, 친구들 중 누군가와 내기를 하는 것도 하나의 방법입니다. 돈, 선물, 칭찬. 무엇이든 능력이 허락하는 한 하면 됩니다. 누군가와의 관계를 해칠 정도의 큰 내기는 당연히 금물입니다. 영어 공부를 대상으로 내기를 적용할 때는 세 가지 주의 사항이 있습니다.

첫 번째, 성패의 구분이 확실한 목표를 정해야 합니다. 토익

900점, 중간고사 85점처럼 말이죠. 이러지 않으면 공부하려다 관계만 해치게 됩니다.

두 번째, 내기의 결과가 단기간에 나와야 합니다. 영어 공부는 1년 단위의 장기 프로젝트로 구성하기보다는 1-2달 정도의 짧은 시간의 단위로 짜는 것이 좋습니다. 그래야만 하루하루 긴장감도 생기고, 무엇보다 성취감을 자주 느낄 수 있기 때문입니다. 때문에 내기의 결과가 빠르면 한 달, 늦어도 세 달 안에 나오도록 설정을 하는 것이 좋습니다.

세 번째, 보상은 확실해야 합니다. 돈, 선물, 칭찬 그 외에 무엇이든 보상이 확실하지 않으면 그 내기는 안 하니만 못합니다. 보상이 학습자에게 충분히 만족할 만해야 학습의 자극제가 될 수 있습니다. 물론 목표 달성이 실패했을 때 학습자가 받을 '화끈한' 벌칙도 만들면 더 큰 자극제가 될 수 있습니다.

목표와 방법은
손으로 쓴다

아무리 원대하고, 멋진 목표를 세웠다 하더라도 그것을 달성하기 위한 노력을 실천하지 않으면 아무런 소용이 없겠죠. 그럼 실천을 유도하는 가장 효과적인 방법은 무엇일까요? 그것은 바로 목표와 실천 계획을 구체적으로 종이에 적는 것입니다. 저는 장기적 목표를 정하면 다이어리 맨 앞에 그 내용을 적어둡니다. 그리고 연말까지 그 목표에 도달하기 위한 월별 중간 목표를 세워서 해당 월의 페이지 상단에 그것을 적어둡니다. 그리고 이를 달성하는 데 필요한 하루 단위의 과업을 정해서 일자란에 적고, 매일 주어진 과업에 대한 실천 여부를 확인합니다. 작은 성취를 맛봐야, 그보다 큰 성취를 하고자 하는 심리적 동력이 생깁니다. 마라톤을 한다고 하면 '이거 언제 뛰나' 하는 생각이 들지만, 지하철이 전 역을 출발했다는 신호를 보면 나도 모르게 승강장을 향해 발걸음이 빨라지고 있는 것과 동일합니다.

그 밖에 제가 목표를 적는 것을(다이어리든 휴대폰이든) 강조하는 데는 세 가지 이유가 더 있습니다.

첫째, 사람은 망각의 동물이다. 때문에 적지 않으면 까먹는다.
둘째, 사람은 감정의 동물이다. 쓰고, 반복적으로 확인하며 머릿속에 각인시키지 않으면, 순간의 감정에 흔들려 목표로 한 일을 그르칠 수 있다.
셋째, 따라서 까먹지 않고, 순간의 감정에 휘둘리지 않으려면 적어야 한다.

'쓰기의 힘'은 이미 많은 연구로 증명이 되었습니다. 혹시 '성공의 3% 법칙'을 들어본 적이 있으신가요? 1953년 미국의 예일대 졸업생들을 대상으로 삶의 목표에 대한 조사를 한 적이 있답니다. '당신은 인생의 구체적인 목표와 계획을 글로 써놓은 것이 있습니까?'라는 질문을 던졌는데, 졸업생 중, 단 3%만이 인생의 구체적인 목표와 계획을 글로 써놓았다고 답했습니다. 나머지 97%는 그저 생각만 하거나 아니면 아예 목표가 없었다고 합니다. 20년이 지난 1973년, 그때의 학생 중 생존자들을 대상으로 경제적인 부유함을 조사했습니다. 놀랍게도 졸업할 당시 구체적인 목표가 있다는 3%의 졸업생들이 나머지 97%의 졸업생들보다 훨씬 더 많은 부를 가지고 있었답니다.

예일대 조사 이후 하버드 경영대학원에서도 비슷한 연구가 진행됐는데요. 1979년 하버드 MBA 과정 졸업생 중 3%는 자신의 목표와 그것을 달성하기 위한 구체적 계획을 세워 기록했습니다. 13%는 목표는 있었지만, 기록하지 않았고 나머지 84%는 목표조차 없었습니다. 10년 후 1989년에 목표가 있었던 13%는 목표가 없었던 84%의 졸업생들보다 평균 2배의 수입을 올리고 있었다고 합니다. 뚜렷한 목표를 가진 3%는 나머지 97%보다 무려 평균 10배의 수입을 올린 것으로 조사됐습니다.

독일 콘스탄츠대 심리학과 페터 골비처Gollwitzer 교수는 어떤 목표를 달성하기 위해서는 단지 목표를 세우는 것을 넘어 이를 달성하기 위한 구체적인 실행 계획을 세우는 것이 꼭 필요하다는 것을 실험을 통해 증명했습니다. 그는 '예상치 않은 상황이 생겼을 때 어떤 행동을 할 것이다' 정도까지 시나리오를 짜둬야 성공의 가능성을 최대한 끌어올릴 수 있다고 말합니다. 예를 들어 '업무(은행)와 관련된 영문 기사를 자유자재로 읽겠다'는 것이 목표라면, 이를 달성하기 위해 '매일 아침 7시부터 한 시간 동안 영어 신문에 실린 은행 및 금융 관련 뉴스를 소리 내어 읽는다'라는 실행 계획을 세우는 것입니다. 그리고 혹시 이를 지키지 못할 상황에 대비해 '늦게 일어나면 신문 대신에 스마트폰 어플을 통해 출근길 지하철에서 기사를 읽겠다'라는 시나리오도 만들어놓는 겁니다. 골비처 교수는 뮌헨대 재학생 111명을 대상으로 실험을 진행했는데요. 쉬운 과제의 경우 구체적인 수행 계획이 없었던 경우 목표 달성률이 78%, 구체적인 수행 계획이 있었던 경우는 84%였습니다.

구체적인 계획이 있을 때 달성률이 조금이나마 더 높았죠. 어려운 과제의 경우 구체적인 계획이 있었을 때는 달성률 62%, 그렇지 않았을 때는 22%로 3배 가까운 차이가 났습니다. 구체적인 계획을 세워두면 쉬운 목표건 어려운 목표건 더 달성률이 높았고, 달성하기 어려운 목표일수록 그 효과가 더 크다는 걸 보여주는 사례입니다.

인터뷰: 현장에서 필요로 하는 영어는?

1 "영어 실력만으로 인정받던 시대는 끝났습니다"

개인의 경쟁력 향상을 위해 영어 공부가 얼마나 필요한지 그리고 이를 위해 어떤 영어를 공부해야 하는지에 대한 현장의 생생한 목소리를 들어봤습니다. A와 B씨가 근무하고 있는 회사는 각각 해당 분야에서 글로벌 1위를 하고 있습니다. 그리고 이 두 분 모두 해당 분야 10년 이상의 경력을 갖고 있는 업계 전문가들입니다. 동시에 자신의 부족한 영어 실력에 대한 아쉬움을 갖고 있다는 공통점이 있습니다. 이분들과의 대화를 통해 실제 산업 현장에서 어떤 영어를 필요로 하고 있고, 또 개인의 국제역량을 강화하기 위해서는 어떤 영어를 배워야 하는지 들어봤습니다. 프라이버시 보호를 위해 두 분의 이름은 익명 처리했음을 밝힙니다.

Q. 두 분 모두 해당 분야에서 인정받는 전문가입니다. 그럼에도 영어에 대한 아쉬움을 느끼는 이유는 무엇 때문인가요?

A씨: 결국 소통에 대한 어려움 때문입니다. 제가 근무하는 사무실만 해도 외국인 동료가 꽤 있어요. 해외 지사에는 더 많죠. 그리고 회사가 글로벌 1등 기업이다 보니 세계 각지에 고객사들이 있고 이들과 연락할 일이 많아요. 연락을 하는 가장 빠른 방법은 전화인데, 사실 말이 잘 안 돼요. 일을 잘 진행시키려면 세밀하면서도 정확한 단어, 표현을 사용해야 하는데 그게 쉽지가 않아요. 관련된 영어 단어와 표현이 머릿속에는 있는데, 막상 입 밖으로는 나오질 않아요. 그러다 보니 전화보다는 이메일을 사용하게 되고, 그 과정에서 업무의 진행 속도나 효율성이 떨어지는 것도 사실입니다.

B씨: 영어 실력이 부족해서 좋은 기회를 잡지 못해서 생기는 아쉬움도 있어요. 아무래도 지금 다니는 회사가 세계 1등이다 보니 좋은 제안이 많이 들어옵니다. 근데 결정적인 문제가 영어예요. 아

는 게 많으면 뭐 합니까. 말을 못하는데요. 그렇다고 모든 걸 이메일로 할 수 있지도 않고요.

Q. 이메일로 소통하는 데는 문제가 없나요?

B씨: 인공지능 번역기 성능이 너무 좋아서 일하는 데 전혀 어려움이 없어요. 사내 메신저에 번역기가 아예 깔려 있습니다. 우리말로 쓰고 번역기로 번역하고, 그 결과를 이메일에 붙여서 보내면 끝입니다. 전문 용어의 경우는 데이터베이스화가 되어 있어서 틀리지 않고 번역이 됩니다. 그리고 사내에 번역기만 담당하는 전담팀이 있어요. 그 팀에서 번역되는 내용을 지속적으로 분석하면서 문제점을 발견하고 개선하고 있죠. 때문에 번역기의 정확성은 계속 높아지고 있어요. 영어로 온 답장도 번역기를 누르면 우리말로 번역됩니다. 이해하는 데 전혀 어려움이 없어요. 사실 이 기능이 너무 좋아서 영어 공부 할 생각을 덜 하게 되는 것도 사실이에요.

A씨: 구글에서 제공하는 번역기의 정확도가 상당히 높다고 들었어요. 보안상 외부 업체의 번역기 사용을 못 해서 사내 번역기와 성능비교는 못 해봤지만요. 그런데 사내 번역기 성능도 충분히 좋아서 일하는 데 있어서는 문제를 느끼지 못하고 있습니다.

Q. 어떤 영어를 배우고 싶나요?

A씨: 결국 업무와 관련된 영어죠. 제가 갖고 있는 지식과 정보를 영어로 말할 수 있었으면 좋겠어요.

B씨: 동의합니다. 이제 영어만 잘한다고 '글로벌 인재'로 평가받는 시대는 지났다고 생각합니다. 영어보다는 자신만의 전문 지식이 우선이죠. 자신이 전문인 분야가 있다면 세계 어디에 가더라도 굶어 죽지는 않을 거라 생각합니다. 물론 영어 실력이 뒷받침되어야겠지만요. 제가 근무하는 회사만 하더라도 해당 분야에서 세계 최고 수준의 전문성을 갖고 있는 사람들이 많습니다. 그런

데 영어 실력이 안 돼서 들어온 좋은 제안을 잡지 못한 경우를 많이 봤습니다.

 Q. 필요한 영어 실력을 키우는 최고의 방법은 무엇일까요?

A씨: 제가 하는 업무에 대한 내용을 잘 아는 원어민이 있다면 아마 최고의 선생님일 겁니다. 서로 업무와 관련한 내용을 영어로 이야기를 하다가 제가 틀린 단어를 쓰거나 표현을 하면 그걸 지적해 주고 옳은 표현을 알려주는 원어민 말이죠. 근데 사실상 이런 선생님은 존재하지 않습니다. 일반 학원의 원어민 선생님은 저의 일에 대해 모르고, 외국인 동료를 붙잡고 회화 연습을 하는 것도 한계가 있기 때문이죠.

B씨: 회사에서 영어만 써야 한다면 아마 도움은 될 거예요. 죽으나 사나 영어로만 말하고 쓰고 해야 한다면 시간은 걸리겠지만 당연히 실력은 늘겠죠. 한때 정말 영어로만 일하라는 지침이 내려온 적도 있어요. 근데 그때 어떤 일이 생겼냐면, 직원들 간의 대화가

급격히 줄어들었어요. 그리고 안 되는 영어로 소통을 하다 보니 자연스레 업무 효율성도 떨어졌죠. 그래서 얼마 지나지 않아서 그 정책은 없던 일이 됐어요. 지금은 우리말만 씁니다.

Q. 영어의 미래를 어떻게 전망하시나요?

A씨: 두 가지 방향이 있을 거라 생각해요. 우선 일상적인 회화 수준의 영어는 인공지능 번역기가 그 역할을 대신해 주는 시대가 머지않아 올 거라 생각합니다. 그렇다고 인간의 영역이 없어질 거라고 보지는 않습니다. 특히 최고 수준의 영어 실력이 필요한 영역은 여전히 인간만의 영역으로 남지 않을까 생각합니다. 말의 뉘앙스까지 파악해야 하는 통역이나 번역 말이죠.

❷ 전문 지식과 영어를 결합해
새로운 기회를 만든 사람들

영문기자로 활동하다 보면 직업의 특성상 영어로 밥 먹고 사는 사람들을 자주 만나게 됩니다. 대표적 직군이 통역사입니다. 동시 통역대학원을 졸업하고 공인된 통역사가 되면 고수익에 안정적인 미래가 보장된다고 많은 사람은 생각합니다. 틀린 말은 아닙니다. 최고 수준의 영어 서비스에 대한 수요는 계속 증가하고 있습니다. 우리나라가 글로벌 경제권에 편입된 결과죠. 하지만 아이러니하게도 이들이 받는 대우가 예전만 못하다는 볼멘소리가 몇 해 전부터 들리기 시작했습니다. 가장 큰 이유는 통역사의 과잉 공급입니다. 매년 국내외 통역대학원 졸업한 수백 명의 신규 통역사들이 시장에 진입하고 있습니다. 시장의 확대로 새롭게 창출되는 통역 관련 일자리 수에 비해 신규로 시장에 진입하는 통역사의 수가 훨씬 많다는 것이 볼멘소리를 내는 사람들의 주장입니다. 다른 이유는 수준급의 영어를 구사하는 사람들이 우리 주변에 많아졌기 때문입니다. 이들은 과거 통역사들만의 몫이었던 일들을 조금씩 잠식해가고 있습니다. 사실 통번역이란 게 특정 학위가 있는 사람들만 할 수 있는 건 아닙니다. 저도 해외 출장을 갔을 때 같이 간 동료들을 위해 통역을 한 적도 있고, 국내에서도 지인들을 통해 번역을 의뢰받기도 합니다.

그러고 보면 앞서 소개해 드린 김 과장과 같은 일반 영어 학습자와 통역사들이 현재 처해 있는 상황이 비슷해 보입니다. 개인의 경쟁력을 극대화하고, 양질의 새로운 기회를 창출하는 데는 영어 하나만으로는 어려운 상황에 있다는 것이죠. 이런 상황을 어떻게 극복할 수 있을까요? 저는 특정 분야에 대한 전문 지식을 쌓고 이것을 영어와 결합시키는 것이 그 방법 중 하나라고 생각합니다.

지금부터는 이러한 업계의 변화를 감지하고 선제적으로 대응하여 자신만의 새로운 경쟁력과 기회를 만든 사람들을 소개해 드리겠습니다.

보험 전문가가 된 통역사

국내 동시통역대학원 영어과를 졸업한 통역사 A씨. 그의 커리어의 시작은 다른 통역사들과 큰 차이가 없었습니다. 통역 요청이 오면 주제와 관련된 자료를 미리 살펴보고 통역을 했습니다. 자신만의 특화된 영역은 없었습니다. 그러다 한 글로벌 보험 회사의 서울 지사 CEO의 전속 통역사가 된 것이 삶의 전환점이 되었습니다. 우리말로도 이해하기 어려운 보험 관련 내용을 영어로 통역해야 했습니다. 처음에는 고생했지만 시간이 갈수록 흥미가 생겼고, 무엇보다 보험에 대한 전문성을 갖게 되면 자신만의 특화된 분야를 개발하는데 도움이 되겠다는 생각을 하게 됐습니다. 그래서 시작한 게 보험 공부였습니다. 우리말로도 무슨 뜻인지 쉽게 이해하기 어려운 게 보험 아니겠습니까? 하지만 관심을 갖고 오랫동안 주경야독을 한 끝에 그는 보험 상품, 운영에 대한 깊이 있는 지식을 쌓을 수 있었고, 거기에 회사 업무 경험을 더해 보험 산업에 대한 자신만의 통찰력까지 갖게 되었다고 합니다. 국내에 몇 명 없는 보험 전문 통역사가 된 것이죠. 이러한 그의 가치를 알아본 회사는 그를 미국 본사로 불러들였고 현재 아시아 주요 국가의 지사들과 영어로 소통하며 그룹의 전사적 전략 프로젝트를 추진하고 관리하는 매니저로 맹활약하고 있습니다. 보험에 대한 이론적, 실무적 지식이 없는 단지 영어만 잘하는 통역사였다면 자신에게 이런 기회가 결코 주어지지 않았을 것이라고 그는 말합니다.

인공지능 전문가가 된 통역사

역시 국내 통역대학원 영어과를 졸업한 통역사 B씨는 국내에 몇 명 없는 인공지능 전문 통역사입니다. 평소 관심을 갖고 있던 인공지능 통역·번역 분야를 단지 관심사로 두지 않고, 관련 기술에 대한 꾸준한 공부와 연구를 통해 자신만의 전문 영역으로 개발한 케이스입니다. 실제로 그는 인공지능 통역·번역에 대한 연구 논문도 발표했고, 관련한 기술을 개발하고 있는 기업들에게 컨설팅을 제공하기도 하고, 개발 제품에 대한 성능 분석도 의뢰를 받아 수행하고 있습니다. 통역·번역 인공지능 개발자들의 경우 기술에 대한 지식은 풍부하지만, 이러한 개발 결과물의 품질을 언어 전문가의 입장으로 분석할 능력은 갖고 있지 않습니다. 반대로 대부분의 언어 전문가들은 언어 관련 지식은 풍부하지만 인공지능에 대한 지식은 부족합니다. B씨는 상이한 두 집단의 전문 지식을 동시에 갖고 있는 희소성 높은 인공지능 전문가 겸 통역사입니다. 덕분에 인공지능과 관련된 많은 통역·번역 일이 그에게 몰리고 있고, 그는 이를 통해 얻은 최신 정보를 기술분석 업무에 활용하며 자신의 경쟁력을 지속적으로 강화하고 있습니다.

영어를 공부한 노무사

베테랑 노무사인 C씨는 앞에 통역사들과 정반대의 방법으로 자신의 경쟁력을 키우고, 새로운 기회를 만들었습니다. 노무사로서 갖고 있는 전문 지식과 성인이 되어 익힌 영어를 결합한 것입니다. 노무사로서의 전문 지식과 영어 실력을 무기로 국내에 진출해 있는 많은 외국계 기업들을 고객으로 유치할 수 있었고, 다른 노무사들이 제공할 수 없는 서비스를 제공하며 국내 외국인 노동자들을 대상으로 사업 영역을 확대해 나가고 있습니다. 그는 바쁜 와중에도 수년간 매일 아침 영어 신문을 꾸준히 읽는 등 영어 공부에 대한 끈을 놓지 않고 있습니다. 영어가 자신과 다른 노무사들을 차별케 하는 핵심적 역할을 한다는 것을 알기 때문입니다. 그가 현재 대표로 있는 노무법인은 주한 외국인 투자기업들과 노동자들이 가장 선호하는 노무법인 명단 상위권에 수년째 포진해 있습니다. 또한 그는 현재까지 한국 노동법과 관련한 다수의 영어책을 출판했고, 총 20권 출간을 목표로 불철주야 노력하고 있습니다. 그 밖에도 C씨는 주한 외국인 CEO와 노동자들을 대상으로 영어 노동법 강의를 진행하며 자신만의 새로운 시장을 개척하고 있습니다.

PART3

영문기자의 영어 공부법 :
쓰기와 말하기

1

영어 말하기, 머릿속 알고리즘을 알면 길이 보인다

직장인들에게 영어와 관련된 가장 큰 고민이 뭐냐고 물어보면 첫 번째로 영어 말하기를 꼽는 분들이 많습니다. 문법에 대한 지식은 어느 정도 있기 때문에 독해는 가능하고, 일을 하다 보면 업무와 관련한 영어 단어에도 자연스럽게 익숙해졌지만 막상 말을 해야 하는 상황이 되면 입이 잘 떨어지지 않는다는 거죠. 여러분도 비슷한 경험이 있으신가요? 국내 기업에서 해외 시장과 관련된 부서에 계신 분들과 외국계 기업에서 근무하시는 분들 가운데 이런 고충을 토로하는 분들을 종종 만나게 됩니다.

대표적으로 곤란한 상황이 외국인과 영어로 컨퍼런스콜Conference Call을 할 때라고 합니다. 한 다국적 기업의 서울 지사에 근무하는 분의 말을 빌리자면, 해외에서 컨퍼런스콜을 주관하는 경우 처음에는 시시껄껄한 이야기로 어색한 분위기를 깬 후 "Any update?(뭐 새로운 소식 있나요?)"라고 물으며 본격적으로 회의를 시작한다고 합니다. 그러면 다들 갑자기 말수가 줄어들고, 힘들게 풀렸던 어색함이 다시 차오른다고 하네요. 영어가 유창한 누군가가 그 자리에 있으면 조금씩 대화의 실마리가 풀리지만 그렇지 않은 경우에는 일단 "Nothing(없습니다.)"이라고 해서 당장의 곤란은 피하고 회의가 끝난 후 이메일로 회사에서 전하지 못한 내용들을 공유한다고 합니다. 해외 여행을 가면 영어로 하고 싶은 말을 하는데 문제가 없는 분들인데도 회의에 들어가면 스스로가 꿀 먹은 벙어리가 된다고 말하는 사람들이 많습니다. "그냥 입이 잘 안 떨어진다"고 합니다.

사실 여행이나 일상 생활에서 쓰이는 영어와 업무상 필요한 영어에는 많은 차이가 있습니다. 아무래도 후자의 경우 전자보다 정확exact하고, 구체적specific이며, 세밀sophisticated해야 합니다. 그래야 일을 진행하는데 문제가 발생하지 않을 테니까요.

그러면 국제역량 향상에 도움이 되는 영어 말하기는 어떻게 연습할 수 있을까요?

그것을 알아보기에 앞서 우리가 영어로 말을 할 때 우리의 뇌에서는 어떤 일이 벌어지는지 알아보겠습니다. 영어 말하기에 대한 뇌의 작동 알고리즘algorithm을 말하는 건데요. 작동 원리를 이해하면 문제의 근본적 해결책을 찾는데 도움이 될 수 있습니다.

지금부터 여러분께서 국제 컨퍼런스콜에 참석해 상대방과 영어로 대화하는 상황에 있다고 가정하겠습니다. 그리고 과거 유사한 경험이 있으신 분은 당시 자신의 뇌가 어떻게 작동했는지 기억을 한번 더듬어 보시기 바랍니다.

\# 외국인이 나에게 영어로 "AAAAA"라고 말을 걸어온다.

1단계 : (머릿속으로) "AAAAA"를 우리말 "ㄱㄱㄱㄱㄱ"라고 번역하고 이해한다.

2단계 : (머릿속으로) "ㄴㄴㄴㄴㄴ"이라고 대답하겠다고 생각한다.

3단계 : (머릿속으로) "ㄴㄴㄴㄴㄴ"은 영어로 "BBBBB"라고 해야겠다는 마음으로 영어 문장을 만든다.

4단계 : (드디어 입을 열고) "BBBBB"라고 말을 한다.

5단계 : 대화가 진행되는 동안 〈1단계〉에서 〈5단계〉까지의 과정이 계속 반복된다.

저 스스로 저의 영어 말하기 알고리즘을 관찰한 내용입니다. 여러분의 알고리즘은 어떤가요? 성인이 되어 영어를 배운 사람들의 대다수는 이러한 과정으로 영어 말하기를 한다고 생각합니다. 사춘기puberty 이전 영어만 사용하는 환경에 오랫동안 노출되었던 사람은 2단계와 3단계가 통합되어 "AAAAA"라는 말을 들으면 바로 "BBBBB"라는 대답을 떠올릴 수 있다는 연구 결과도 있습니다. 이는 조기 유학의 효용성에 대한 이론적 배경이기도 합니다. 그리고 1단계에서 5단계까지 진행되는 속도와 정확성은 전적으로 개인의 노력과 연습에 달렸다는 것을 여러분은 잘 아실 것입니다.

지금부터는 이처럼 말하기의 과정을 다섯 단계로 세분화한 이유에 대해 말씀드리겠습니다. 눈치가 빠르신 분들은 알아채셨겠지만 1단계과 2단계는 영어를 듣는 과정에서 발생하는 뇌의 움직임이고, 3단계과 4단계는 말하는 과정의 움직임입니다. 결국 1단계와 2단계의 연결이 빠르고 정확한 사람은 영어 듣기를 잘하는 사람입니다. 3단계와 4단계를 빠르고 정확하게 처리할 수 있는 사람은 영어 말하기를 잘하는 사람인 거죠.

이를 통해서 우리는 '말하기 실력'은 '영작 실력'에 비례한다는 결론을 얻을 수 있습니다. 앞서 3단계에서 4단계로 넘어가는 과정에서 우리말 "ㄴㄴㄴㄴㄴ"이 머릿속에서 "BBBBB"라는 영어 문장으로 재구성됐음을 기억하실 겁니다. 영어 말하기 실력은 상황에 맞는 어휘와 표현을 얼마나 빠르고, 정확하게 생각해내어, 그것을 문법 규칙에 맞게 배열할 수 있느냐의 문제인 것입니다. 이 속도가 대화가 오가는 속도보다 빠르면 대화는 자연스럽게 이어질 것입니다. 그렇지 않다면 대화가 중간중간 끊기는 일이 발생할 것입니다. 물론 문법이나 표현을 몰라도, 주제와 관련된 단어 몇 개와 몸짓을 사용해 대화를 이어갈 수는 있습니다. 하지만 여러분이 그것을 목표로 영어 공부를 하는 것은 아니기 때문에 논외로 하겠습니다.

다시 말하기 과정인 3단계와 4단계 과정을 살펴보겠습니다. 앞서 말씀드린 대로 이 과정에서 뇌의 움직임은 우리가 영작문을 쓸 때의 움직임과 동일합니다. 차이가 하나 있다면 영작문을 쓸 때는 문장을 만드는 과정을 눈으로 볼 수 있고, 상대적으로 긴 시간 동안 생각을 할 수 있는 반면에, 3단계와 4단계는 그 과정이 머릿속에서만 이루어지고, 그것도 짧은 시간에 처리되어야 한다는 점입니다.

이러한 차이 때문에 제 경험에 비추어 말씀드리자면 영작문 실력(속도와 정확성)이 100일 때, 말하기 실력은 이보다는 조금 떨어진 70-80정도 수준으로 할 수 있다고 생각합니다.

2
영작 연습을 통한 말하기 훈련

저 자신도 영어 글쓰기를 통해 말하기 실력을 키웠습니다. 사실 영문기자에게 영어로 글을 쓰는 것은 일상이지만, 영어로 누군가와 말을 할 기회는 그리 자주 있지 않습니다. 취재 기자들의 경우 우리나라를 방문한 외국 인사와의 대면 인터뷰를 하거나 전화인터뷰를 할 때를 제외하면 긴 시간 영어로 말을 할 일은 별로 없습니다. 사무실에서 내근을 하는 경우 상근 원어민 교열 담당자 copy editor들과 이런저런 이야기를 나누기도 하지만 하나의 주제에 대해 오랜 시간 심도 있게 대화하는 경우는 드뭅니다.

그럼에도 불구하고 영문기자들 중에는 해외 유학이나 체류 경험이 없음에도 불구하고 최상급의 영어 말하기 실력을 갖춘 사람들이 많습니다. 이들은 모두 영어 글쓰기를 통해 말하기 실력을 키운 사람들입니다. 저 또한 영어 글쓰기를 통해 말하기 실력을 키웠고, 여전히 부족한 실력이지만 각종 영어 말하기 대회에 심사위원으로 참석하기도 했습니다. 한국 정치, 외교, 교육제도, 북한 등 시사적 주제에 대한 영어 토론에 패널로 참석했고, 회사의 협상 대표로서 해외 미디어 업체와 콘텐츠 제휴에 대한 협상을 주도한 적도 있습니다. 서울을 방문한 외신기자들을 대상으로 '한국의 미디어 환경'에 대한 영어 강의를 진행하기도 했고요.

이 모든 것은 제가 해당 분야와 관련한 많은 영어 지문을 읽어 봤고, 글을 직접 써봤기 때문에 가능했던 일입니다. 다시 말하면 여러분도 다양한 분야에 대한 영어 지문을 많이 읽고, 주요 어휘와 표현을 외우고, 그것을 직접 써보면 결국 그 분야에 대한 말하기도 잘할 수 있다는 뜻입니다.

한 번은 가수 박미경 씨의 남편이 운영하는 서울 이태원의 레스토랑에 초대받아 간 적이 있습니다. 주한 외국인 CEO들의 정기적인 만남의 장소였는데요. 딱딱한 분위기에 정해진 자리에서 식사를 하는 분위기가 아니라 자유롭게 돌아다니면서 마주치는 사람들과 명함을 교환하고, 식사하며 대화하는 자리였습니다. 처음 인사를 나눈 분은 화장품 및 뷰티 관련 제품을 다루는 회사의 임원이었습니다. 화장품에 문외한인 저는 그분과 특별히 할 말이 없었습니다. 쭈뼛쭈뼛하고 있는 상황에서 멀끔한 외모의 한 남성이 자리에 합석했습니다. 그는 원자력과 관련된 일을 하고 있었습니다. 마침 당시 저도 우리나라의 원자력 정책 주무부처인 산업자원부를 출입하고 있었고, 북한의 핵 문제는 언론이 자주 보도하는 주제이었기 때문에 화장품에 비해 상대적으로 풍부한 대화거리를 갖고 있었습니다. 그렇게 시작된 원자력 관련 삼자 영어 토론. 머지않아 이탈리아 출신인 한 경영학 교수도 대화에 가세했고, 그렇게 토론은 한 시간 정도 계속되었습니다. 자리가 파해질 때 화장품 회사 임원이 저에게 다가와 "살다가 원자력 관련 토론을 이렇게 오래 해보기는 처음"이라고 웃으며 말하더군요.

그 자리를 통해 얻은 영어와 관련된 두 가지 깨달음이 있습니다.

첫째, 아는 만큼 말할 수 있다.

둘째, 써본 만큼 말할 수 있다.

우리 뇌의 작동 원리상 말을 하거나 쓰는 것은 활동의 형태는 다르지만, 머릿속에 있는 것을 밖으로 끄집어내서 표현하는 '공격수' 역할을 한다는 점에서는 동일합니다. 반대로 읽기와 듣기는 각각에 필요한 신체 기관은 다르지만, 외부의 정보를 머릿속으로 받아들이는 '수비수' 역할을 한다는 것은 동일합니다. 이처럼 쓰기와 말하기라는 행위의 궁극적 기능은 동일하기 때문에 둘 중 하나

(쓰기)를 연습함으로써 나머지 하나(말하기)의 실력을 키울 수 있는 것입니다. 동일한 이유로 읽기 연습을 통해 듣기 실력도 향상시킬 수 있습니다. (관련 내용은 뒤에)

이는 저만의 경험적 결론이 아닙니다. 이 주장을 뒷받침해주는 연구 결과도 많이 있습니다.

2018년 12월 이란의 수도 테헤란에 있는 이슬라믹 아자드 대학Islamic Azad University의 연구가 그중 하나입니다. 논문의 제목은 〈The Effect of Writing Practice on Improving Speaking Skill among Pre-intermediate EFL Learners〉(EFL: English as a Foreign Language의 약자). 연구진은 영작과 영어 말하기 간의 연관성을 검증하기 위해 중간 수준intermediate의 영어 학습자 50명을 선발하고 25명씩 두 그룹으로 나눴습니다. 실험을 시작하기 전에 두 그룹 모두에게 영어 말하기 시험을 치게 했습니다. 그 후 A그룹은 글쓰기를 통한 말하기 훈련을 20회 받았고, B그룹은 전통적인 읽기와 문법 위주의 수업을 20회 받았습니다. 그 후 이들은 실험 시작 전에 본 시험과의 비교를 위한 두 번째 시험을 쳤습니다. 이를 통해 연구진은 글쓰기 훈련을 받은 A그룹 소속의 학습자의 영어 말하기 실력이 '상당히significantly' 올라갔다는 것을 확인했습니다. 또한 B그룹과 비교하여 A그룹의 학습자들이 훨씬 정확한 문법과 문장 구조를 사용하여 말을 한다는 것을 확인했고, 문맥에 더 잘 어울리는 단어를 선별하여 사용한다는 것도 발견했습니다.

일본 나고야에 있는 긴조가쿠인 대학Kinjo Gakuin University도 2013년 유사한 연구를 진행했습니다. (제목: Relationship between second language speaking and writing skills and modality preference of university EFL students) 26명의 일본인 대학생(영문학 또는 언어학 전공자)을 대상으로 진행된 이 연구는 이들이 제시된 그림을 영어로 글을 쓰거나 말로 묘사하도록 했고, 그 결과를 근거로 영어 말하기와 쓰기와의 상관관계를 연구했습니다. 이 연구 보고서는 말미에 영어 말하기를 잘할 수 있는 방법 두 가지를 제시합니다.

첫째, 영미권 국가로 유학을 간다, 둘째, 영어로 글을 쓰라는 것이죠. 가급적 어휘를 최대한 다양하게 사용use a wider variety of words in writing해서 글을 써야 합니다. 다양한 단어를 써서 영작을 하다 보면 결국 그 단어들은 학습자가 말로도 뱉을 수 있게 된다the broader vocabulary should eventually transfer to the student's speaking vocabulary는 결론을 내리고 있습니다.

3

검증된 최고의 영작 연습법을
공개합니다

영어 말하기 실력을 가장 확실히 올려주는 영작 연습법은 무엇일까요? 세상에는 다양한 영작 연습법이 있는데요, 만약 누군가가 저에게 하나의 방법을 추천하라고 한다면 저는 주저 없이 이것을 뽑겠습니다. 바로 영어 신문사의 기사 제작 프로세스입니다. 구체적으로 영어 신문사의 기자들이 보내온 영문 기사 초고first draft가 독자들이 보게 되는 최종 완성품이 될 때까지 거치게 되는 일련의 과정들을 말합니다. 이것보다 더 확실한 효과를 낼 수 있는 영작 훈련법은 없다고 확신합니다.

그럼 이제부터 영어 신문사에서 어떤 과정을 거쳐 기사를 생산하는지 말씀드리겠습니다. (영어 글쓰기에 초점을 맞추기 위해 일부 과정은 언급하지 않았습니다.)

(1) 한국인 기자가 영문 기사 초고 first draft를 작성해서 제출합니다.

(2) 취재 10-15년 경력을 가진 한국인 에디터 editor가 1차 에디팅을 합니다. (사실과 다른 내용이 없는지, 정확한 문법, 단어, 표현이 사용됐는지, 글의 논리성, 흐름, 문장 스타일은 적절한지 점검합니다.)

사실 왜곡이나 과장, 축소가 있는지 꼭 필요한 내용이 빠지지는 않았는지도 함께 확인합니다.

(초고를 쓴 기자와 함께 확인)

(3) 문제가 없으면 원어민 교열 담당자 copy editor에게 2차 에디팅을 넘깁니다. 2차 에디팅은 글에 쓰인 영어에 대한 점검입니다. 아무래도 한국인이 썼기 때문에 영어적 오류가 있을 수 있습니다. 외국인의 경우 국내에서 벌어지는 각종 사안들에 대한 지식과 정보가 부족하기 때문에 1차 에디팅은 맡기지 않습니다.

(4) 2차 에디팅이 끝난 기사는 글의 원작자인 기자와 한국인 에디터가 다시 한번 읽어보면서 2차 에디팅 과정에서 잘못 수정된 내용이 없는지 확인합니다.

(5) 기사와 함께 실릴 사진이 있으면 기자는 관련된 설명caption 을 쓰고 역시 1차, 2차 에디팅을 거칩니다. 사진 설명에는 상황 묘사와 관련된 부가 정보가 들어갑니다.

(6) 문제가 없음이 확인된 기사와 사진은 최종 출고되어 독자들에 게 제공됩니다.

위 과정이 최고의 영작 연습 방법이라고 주장하는 이유는 다음과 같습니다. 많은 영어 학습자들이 영작을 할 때 겪는 공통적인 어려움은 자신의 머릿속에 있는 생각을 글로 표현하지 못한다는 것입니다. 문법 지식이 부족해서일 수도 있고, 영어 문장을 많이 읽지 않아서일 수도 있습니다. 그런데 만약 자신이 맞든 틀리든 쓴 영어 문장을 자신의 의도에 맞게 정확하게 고쳐줄 수 있는 에디터가 곁에 있다면 어떨까요? 그리고 심지어 그 에디터와 자신이 동일한 모국어를 쓰고 있다면 말이죠.

영어 학습자들이 영작을 하는 과정에서 공통적으로 겪는 또 하나의 어려움은 자신이 쓴 영어 문장이 영어적으로 정확한지 확인을 하지 못한다는 것입니다. 그러다 보니 자신이 쓴 문장을 신뢰하지 못하고, 점점 '이런 걸 왜 쓰나' 하는 생각을 하고 결국 영작 연습을 회피하게 됩니다.

앞에서 설명했듯이 영어 신문사는 위 두 가지 문제를 모두 해결할 수 있는 시스템을 갖추고 있습니다. 그렇기 때문에 이런 환경에서 일정 시간 훈련을 받으면 누구나 상당한 수준의 영작 능력과 영어 말하기 실력을 갖추게 되는 것은 어찌 보면 당연한 결과일 수 있겠습니다. 안타까운 것은 이런 시스템을 운영하기 위해서는 많은 인력과 돈이 필요하고, 때문에 이러한 완벽한 영작 훈련 시스템이 존재함에도 불구하고 이를 대중화시키는데는 많은 현실적 어려움이 존재합니다.

다음 장에서는 이런 고비용의 시스템 없이도 유사한 학습 효과를 낼 수 있는 영작 연습법에 대해 알려드리겠습니다.

4

공짜로 내게 필요한
영작 연습하는 법

앞서 매우 이상적이지만 현실성은 떨어지는 영작 연습법을 소개해 드렸습니다. 이번에는 매우 현실적이고 누구나 마음만 먹고 조금만 노력하면 할 수 있는 영작 연습법을 소개하겠습니다. 무엇보다 돈을 들이지 않고 할 수 있다는 것이 이 방법의 장점입니다. 필요한 것은 해보겠다는 의지 그리고 끈기면 충분합니다.

구체적인 방법을 말씀드리기에 앞서 국제역량을 강화시키는 영작 연습의 필요조건을 정리해 보겠습니다.

첫째, 내가 갖고 있는 생각이나 지식 그리고 정보를 표현하는 훈련이어야 한다.

둘째, 내가 전문성을 갖고 있는 분야에 대한 내용으로 연습을 해야 한다.

셋째, 내가 한 영작이 제대로 된 건지 확인할 수 있어야 한다.

그럼 이 세 가지 조건을 충족하는 방법을 알려드리겠습니다.

첫 번째, 자신의 전문 분야와 관련하여 이전에 인상 깊게 읽었던 영어 지문을 하나 고릅니다. 가장 좋은 지문은 과거에 그것을 읽었을 때 내용도 좋았고, 무엇보다 '나도 이렇게 말할 수 있었으면 좋겠다'라는 느낌이 들었던 표현이나 문장이 포함되어 있는 지문입니다. (혹시 이전에 읽은 지문이 없다면 영작 연습에 앞서 다양한 지문을 읽는 것부터 시작하시기 바랍니다.)

두 번째, 선택한 영어 지문을 한글로 번역하여 공책에 적습니다. 인공지능 번역기로 해도 좋고, 직접 번역하셔도 좋습니다. 중요한 것은 한글 번역본의 내용이 원문의 내용을 왜곡하거나 오역하지 않고, 정확하게 번역해야 한다는 것입니다. 또 중요한 것은 우리말로 번역할 때 사용하는 어휘와 표현입니다. 자신이 평소에 쓰는 단어와 표현을 사용하여 번역하는 것을 추천합니다. 특정 영어단어와 매칭이 되는 업계 속어가 있다면 그걸 그대로 사용하시기 바랍니다. '평소의 언어'로 연습을 해야 훗날 실전에 들어갔을 때 빠르고 정확하게 필요한 영어 단어와 표현을 떠올릴 수 있습니다. (유명 제품의 모양을 불법적으로 베껴 만든 상품을 우리는 '모조품', '짜가', '짝퉁' 등으로 부릅니다. 만약 자신이 이런 제품을 평소에 '짝퉁'이라고 부른다면, 'copycat product'라는 단어를 봤을 때 이것을 '짝퉁'이라고 번역하지 평소에 쓰지 않는 '모조품'이라는 단어로 번역하지 말라는 것입니다.)

세 번째, 이제 편히 2-3일 쉬면 됩니다. 무슨 소리냐고요? 앞서 번역한 내용을 잊어버리는 시간입니다. 원문과 우리말로 번역한 내용이 기억에서 사라지거나 희미해지기를 기다리는 것입니다. 지속적인 영작 연습을 위해 이 시간 동안 다른 영어 지문을 찾고 우리말로 번역하며 보내는 것을 추천합니다.

네 번째, 마지막 단계인 '묵혔다 번역하기'입니다. 2-3일 전에 우리말로 번역한 글을 다시 영어로 번역하는 겁니다. 영어 원문을 보면 안 됩니다. 그 외에는 어떤 방법을 동원해도 상관없습니다. 사전을 찾아봐도 좋고, 2-3일 전의 기억을 떠올려 봐도 좋습니다. 최선을 다해 끝까지 영작을 한 후 원문과 비교하면 됩니다. 이런 방식으로 연습을 하면 자신의 영작 실력을 객관적으로 볼 수 있게 됩니다. 우리말의 어떤 표현이나 문장이 번역하기 어려웠다는 것도 파악하게 되죠. 원문을 읽을 때는 전혀 문제없이 술술 읽혔던 단어나 표현이 막상 영작을 할 때는 잘 떠오르지 않는다는 것을 경험하게 될 것입니다. 이는 매우 당연한 현상으로 아무리

오랫동안 영어 공부를 했을지라도 자신이 아는 영어를 배출(말하기와 글쓰기)한 경험이 부족한 사람에게는 공통적으로 나타나는 현상입니다. 정확한 수치는 아니지만 독해를 할 때 사전 없이 이해할 수 있는 단어 100개가 있다면, 이 중 말을 하거나 글을 쓸 때 머리에서 꺼내어 쓸 수 있는 단어의 수는 그것의 절반에도 못 미치는 경우가 많습니다. 그만큼 수비하는 상황에서의 영어(읽기와 듣기)실력과 공격하는 상황(말하기와 쓰기)에서의 실력에는 큰 차이가 있습니다. 때문에 자신이 읽기와 듣기를 잘한다고 해서 말하기와 쓰기도 잘할 것이라 착각해서는 안 됩니다.

영상 번역가로 활동하며 《미드 번역을 위한 공부법》이라는 책을 쓴 박윤슬 씨도 이런 영작 연습 방법을 추천합니다. 이분은 '바꿔 쓰기 공부법'이라고 명명했습니다. 구체적인 방법은 제가 제시한 것과 동일합니다. 자신이 읽은 영어 원문을 우리말로 정성스럽게 번역을 하고 2–3일을 묵힙니다. 그 후 자신이 번역한 내용을 다시 영작하고 그 결과를 원문과 비교하며 연습을 하는 거죠. 동시통역대학원 진학을 준비하는 수험생이나 재학생들 중에도 이런 방법으로 훈련하는 사람이 많습니다. 이들은 주로 백악관이나 유엔, IMF, 그 밖의 국제 기구에서 나온 연설문을 기초로 하여 연습합니다.

이 방법이 자신의 영작을 봐 줄 '실력자'를 구하기 어려운 대부분의 직장인들이 활용할 수 있는 현실적 영작 연습법이지만 또한 한계점이 있는 것도 사실입니다.

가장 큰 한계점은 영작을 하는 문장이 학습자가 당장 필요를 느끼는 표현이나 문장이 아니라는 것입니다. (결국 원문에 있는 표현, 문장을 영작하는 것이기 때문입니다.) 하지만 이 문제는 다수의 지문을 영작하는 과정을 통해 많은 부분이 해결될 수 있습니다. 특별히 알고자 하는 표현이나 문장이 있다면 그러한 것이 있는 영어 지문을 찾아서 연습하면 되기 때문입니다.

이러한 연습 방법을 '자기 주도적 학습Self-Directed Learning'이라고 부르는데, 이 방법을 통한 학습의 효과는 그 밖의 다른 방법보다 상대적으로 강력한 학습 효과를 나타냅니다. 또 하나의 한계점은 정답이 정해진 영작을 하게 된다는 것입니다. 사실 언어의 확장성은 무한합니다. 영어 단어 A 대신에 동의어 B, C, D 중에 하나를 쓸 수도 있고, 문장의 구조, 사용되는 문법, 스타일도 글을 쓰는 사람에 따라 천차만별입니다. 하지만 이 방법은 원문에 나온 '정답'을 찾아가는 연습이라는 점에서 언어적 다양성, 확장성 측면에서는 한계가 있습니다. 하지만 이 또한 다수의 지문을 영작하는 과정을 통해 많은 부분이 해결될 수 있다고 생각합니다.

이러한 단점에도 불구하고 이 방법은 자신이 한 영작이 얼마나 정확한지 검증할 수 있다는 기능을 갖고 있다는 점에서 정확한 영

어 구사를 원하는 학습자들에게는 활용 가치가 높은 영작 연습법
이 될 수 있다고 생각합니다.

5

영어 신문보다 좋은
영작 연습 교과서는 없다

한 가지 방법으로만 영작 연습을 하면 지겨울 수 있습니다. 그래서 세 가지 방법을 더 알려드리겠습니다. 앞서 알려드린 '묵혔다 번역하기'를 확장해 적용하는 방법으로 생각하시면 되겠습니다. 두 방법의 공통점은 신문 기사를 이용한다는 것입니다. 때문에 돈이 거의 들지 않습니다. 그리고 다양한 시사적 주제를 다루기 때문에 자신의 전문 영역 이외의 분야로 영어 실력을 확장할 수 있다는 장점이 있습니다.

첫 번째 방법은 신문사가 우리말과 영어로 동시에 제공한 기사를 찾아서 활용하는 것입니다. '그런 게 있어?'라고 생각하는 분들이 많으시겠지만 사실 다수의 신문사가 동일한 내용의 기사를 영어와 우리말(또는 기타 외국어)로 제공하고 있습니다.

(1) 코리아타임스 'Learning English' 코너

홈페이지 주소: http://www.koreatimes.co.kr/www/sublist_740.html

우리나라의 대표적 영자 신문인 코리아타임스The Korea Times에서 제공하는 서비스입니다. 영어로 쓰여진 기사의 원문을 매주 전문가가 우리말로 번역하여 올리기 때문에 내용의 신뢰성이 담보됩니다. 이 페이지의 가장 큰 장점은 내용의 다양성입니다. 해외에서 벌어지는 굵직굵직한 소식은 물론 국내의 정치, 사회, 경제, 연예, 문화, 스포츠 분야의 주요 뉴스도 우리말과 영어로 동시에 제공됩니다. 때문에 고르는 재미가 있고, 다양한 주제에 관한 영작 연습을 할 수 있습니다.

제목 몇 개만 소개해 드리자면,

- Son becomes all-time S. Korean scoring leader in Europe

➡ 손흥민, 한국인 유럽무대 최다득점자 등극

- 'Pengha!': South Koreans crazy about 'Pengsoo'

➡ "펭하!" 펭수에 열광하는 한국인들

- Celebrities to be banned from alcohol packaging
➡ 주류용기에 유명 연예인 사진 부착 금지된다
- WeWork to lay off 2,400 employees globally
➡ 위워크, 전세계 직원 2400명 정리해고
- 4 in 5 teens don't exercise enough: WHO
➡ 세계보건기구: 10대 청소년 다섯 명 중 네 명은 운동부족
- Railway workers begin strike, demanding higher wages
➡ 철도 노조, 임금 인상 요구하며 파업 돌입

(2) 중앙데일리 '영어 신문학습' 코너

홈페이지 주소: http://koreajoongangdaily.joins.com/
englishclinic/

중앙일보가 발행하는 영자 신문인 코리아중앙데일리Korea JoongAng Daily에서 제공하는 서비스입니다. 해당 페이지에 가시면 제목 옆에 한국말 번역을 의미하는 'KOR'이 붙은 기사들을 볼 수 있습니다. 정치, 경제, 사회, 문화계의 굵직한 뉴스와 칼럼이 번역되어 있고, 기사 하나의 길이가 꽤 깁니다. 때문에 영작 실력이 초보인 경우 무리해서 기사 하나를 다 영작하기보다는, 단락별로 잘라서 연습하는 것을 추천합니다.

(3) 조선일보 영문홈페이지

홈페이지 주소: http://english.chosun.com/

조선일보의 영문홈페이지에서도 번역 기사들을 찾을 수 있습니다. 영문 기사 맨 하단에 'Read this article in Korean'라고 표시가 되어 있는 기사들이 있습니다. 이 표시를 누르면 동일한 내용의 우리말 기사가 나옵니다. 단, 이렇게 우리말과 영어로 동시에 제공되는 기사의 수가 많지 않다는 것이 이 페이지의 단점입니다.

(4) 한겨레신문 영문홈페이지

홈페이지 주소: http://english.hani.co.kr/

한겨레신문도 영문홈페이지를 운영하고 있습니다. 대부분의 기사 하단에 'Original Korean'이라는 버튼이 있고, 이것을 누르면 우리말로 쓴 기사 원문을 볼 수 있습니다. 정치, 외교, 안보와 관련된 굵직한 뉴스들의 대부분이 영어와 우리말로 제공되고 있습니다. 특히 진보적 논조의 글로 영작 연습을 하고 싶으신 분들께 추천합니다.

(5) 매일경제신문의 'Pulse'

홈페이지 주소: https://pulsenews.co.kr/

매일경제신문(매경)이 운영하는 영문홈페이지입니다. 매경이라는 이름을 모르는 해외 독자들을 위해 Pulse라는 독립브랜드로 운영되고 있습니다. 대부분의 기사 하단에 'Read in Korean'이라는 표시가 있는데, 이것을 누르면 우리말 원문을 읽을 수 있습니다. 경제, 산업, 기업, IT기술 등의 내용이 많고, 때문에 이쪽에 관심이 있으신 분들은 최신 정보 습득과 영작 연습을 동시에 할 수 있는 웹사이트입니다.

(6) 뉴스페퍼민트

홈페이지 주소: https://newspeppermint.com/

주요 외신 뉴스를 우리말로 번역하여 제공하는 사이트입니다. 국제, 경제, 경영, IT, 과학, 문화, 스포츠 등으로 대분류를 하고 있고, 외신에서 다룬 우리나라 관련 소식도 있습니다. 글의 맨 하단에 보면 '원문 보기' 버튼이 있고, 이것을 누르면 영어 원문으로 연결됩니다. 원문의 출처는 가디언, 워싱턴 포스트, 뉴욕타임스 등 해외 유력 언론사의 기사가 대부분이고, 종종 네이처와 같은 전문지도 있습니다. 때문에 영어 원문의 수준이 최상급이고, 자신의 영작과 원문을 비교할 경우 좌절할 가능성이 매우 높습니다. 때문에 이곳에 있는 글을 영작 연습의 대상으로 삼기보다는, 자신의 관심사를 다룬 우리말 번역본을 읽다가 '이걸 영어로는 어떻게 썼을까'라는 부분이 보이면 원문을 찾아서 확인하는 '원포인트 영작 훈련' 용도로 활용하는 게 좋다는 생각입니다.

지금까지 설명한 방법은 학습자가 영어 원문을 우리말로 번역할 시간과 노력을 절약해주고 또한 다양한 주제에 대한 영작 연습을 할 수 있게 해준다는 장점이 있습니다. 하지만 자신이 번역한 것이 아니기 때문에 우리말 번역본에 사용된 어휘나 표현, 문장 구조가 학습자에게 친숙한 것이 아닐 수 있다는 단점도 있습니다.

6

국어 신문 국제면만 잘 봐도
영작 실력이 는다

두 번째 방법은 우리말 신문의 국제면 기사를 활용하는 것입니다. 종이 신문 국제면에 실린 기사도 좋고, 포털사이트 국제 뉴스 섹션에 있는 기사도 좋습니다. 신문 기사를 많이 보시는 분들은 아시겠지만 기사 본문에 문장의 앞뒤가 큰따옴표로 되어 있는 인용구quote를 자주 보실 수 있는데요. 인용구는 누군가의 중요한 발언이나 연설문, 성명서 등의 중요한 부분을 강조하는 역할을 합니다. 저의 경우 국제 뉴스를 읽다가 '원문에 영어가 뭔데 이렇게 번역했을까'라는 궁금증을 갖게 하는 인용구들을 자주 보게 됩니다. 그러면 그 기사의 원문을 찾아서 확인하는데요. 실제 인용구들 중에는 영어 학습자들이 영작이나 영어 말하기 훈련을 하는데 도움이 되는 것들도 많이 있습니다.

예를 들면 이런 겁니다. 2019년 10월 24일자 조선일보에 실린 〈쿠슈너, "김정일이 김정은에 남긴 유훈은 핵 포기 말라는 것"〉이라는 제목의 기사에는 이런 인용구들이 나옵니다.

'김정일이 김정은에 남긴 유훈은 핵 포기 말라는 것'

'핵은 그의 유일한 안전 보장 수단'

'핵 포기를 위해서는 트럼프가 김정은의 새아버지 같은 존재가 돼야 한다.'

해당 기사를 작성한 기자는 영어 원문에 뭐라고 써 있는 것을 '유훈'이라고 번역했을까요? '유일한 안전 보장 수단'은 무엇이고 또 '새아버지 같은 존재'는 영어로 어떻게 표현할 수 있을까요?

이처럼 인용구 안에 있는 문장들을 보고 '영어 원문에는 뭐라고 썼을까'를 궁리해 보는 것은 영작과 말하기 연습에 많은 도움이 됩니다. 연습 방법은 이렇습니다. 우선 자신이 떠올릴 수 있는 최대한의 단어와 표현으로 인용구 내의 문장을 만들어 봅니다. 그 후 해당 우리말 기사의 원천소스가 되는 영어 기사를 찾아서 그 내용을 비교하는 방법인데요.

원문을 찾는 것은 그리 어렵지 않습니다. 우리말 기사에 원문을 찾을 수 있는 힌트가 다 들어 있기 때문입니다. 위의 조선일보 기사를 보면 미국 매체인 (1) 워싱턴타임스Washington Times의 내용을 인용보도한 것을 알 수 있고, 그 밖에 백악관 선임고문인 (2) 재러드 큐슈너Jared kushner와 (3) 김정일Kim Jong-il의 이름이 나옵니다. 이 세 가지 단어를 구글에 영어로 검색하면 해당 기사의 원천소스가 되는 'Trump, in new book, says Obama was 'stupid' to avoid talks with North Korea's Kim Jong-un'이라는 제목의 워싱턴타임스 기사를 어렵지 않게 찾을 수 있습니다.

그리고 본문을 쭉 읽어 내려가다 보면 영작의 대상이 된 내용들이 나타나는데요.

'It's a father thing.'이라고 쓴 것을 '유훈'이라고 번역했다는 것을 알 수 있습니다. 'That's his only security.'를 '핵은 그의 유일한 안전 보장 수단'으로 번역했고, 'Trump is like a new father figure.'를 '트럼프가 김정은의 새아버지 같은 존재가 돼야 한다'로 번역한 것을 확인할 수 있습니다.

2019년 12월 6일자 문화일보가 보도한 〈美 "시위 진압 때 1000여 명 피살" vs 이란 "새빨간 거짓말"〉이라는 제목의 기사를 보겠습니다.

저는 어떤 영어 표현을 '새빨간 거짓말'로 번역했는지가 너무 궁금한데요. 기사를 보면 AP통신Associated Press 보도를 인용했다는 것을 알 수 있습니다. 그 외에 기사에 언급된 '이란 사법부 Iran's judiciary', '거짓말lie'이라는 단어를 조합하여 구글 검색을 하면 관련된 기사를 찾을 수 있습니다. 그리고 'it brazenly lied'라는 표현을 '새빨간 거짓말'로 번역했음을 확인할 수 있습니다.

사전을 찾아보면 brazen는 형용사로 '매우 대범하고very bold 남이 뭐라고 생각하든 신경 쓰지 않는do not care what other people think about them'이라는 뜻을 갖고 있는데요. 이것이 '거짓말'을 뜻하는 lie와 결합한 형태를 'a brazen lie' (또는 주어 + brazenly lied)를 '새빨간 거짓말'이라고 통상 번역합니다.

원문을 찾는다는 게 조금 귀찮고 번거로울 수 있습니다. 하지만 생각해 보면 뉴스를 읽으며 시사상식도 쌓고 관련된 영어도 공부하니 일석이조인 셈입니다. 게다가 인용구는 누군가가 한 말을 옮겨적은 것이다 보니 인용구를 외우는 것은 결국 영어 회화 공부를 하는 것입니다. 고생해서 배우는 것의 또 한 가지 '장점'은 공부한 내용이 더 오래 기억에 남는다는 것입니다. 불편함의 역설이죠. 16개 언어를 구사한 전설적 통역사 롬브 커토Lomb Kato는 자신의 저서 '언어 공부How I Learn Languages'에서 '스스로 머리를 써서 알게 된 것이 남이 만든 지식을 받아먹는 것보다 한층 더 확실하게 내 것이 된다. 더 많은 노력을 들일수록 효과가 좋다'고 했습니다.

7

구글 검색으로
표현력에 날개를 달자

신문을 활용한 세 번째 영작 공부법을 알려드리겠습니다. 이번에는 자신의 영어 표현력을 확장시키는 훈련인데요. 하나의 상황을 얼마나 다양한 어휘와 문장으로 표현할 수 있는가는 그 사람의 언어 능력을 평가하는 하나의 중요한 잣대입니다.

'나 좀 도와줘'라는 말을 여러분은 몇 가지 형태로 표현할 수 있으신가요? 직역을 하면 'Help me.'라고 할 수 있습니다. 약간 공손하게 해서 'Please help me.'라고도 할 수 있습니다. 조금 더 공손하게 하자면 'Could you do me a favor?'라고 할 수도 있습니다. 조금 다르게 'Would you mind if I ask you a favor?'라고도 할 수 있고 또 'Can I ask a favor of you?'라고 할 수도 있습니다. 이렇게 다양한 표현법이 있음에도 불구하고 만약에 여러분이 'Please help me'라는 표현만 반복해서 쓴다면 어떨까요? 분명 상대방은 여러분의 언어 사용이 세련되지 못하다고 생각하거나 영어를 잘 못한다고 판단할 것입니다.

앞선 예시는 단순한 인사말에 대한 것이었지만, 그 밖에도 우리말 표현 하나를 다양한 영어로 표현할 수 있는 경우는 수없이 많습니다. 그리고 이 연습을 하는데는 영어 신문이 최적의 학습 도구입니다.

방법은 다음과 같습니다. 우선 구글 검색을 통해 동일한 주제를 다룬 복수의 영문 기사를 찾습니다. 주제와 관련한 두세 개의 키워드를 입력하면 쉽게 찾을 수 있습니다. 조국 전 법무부 장관 부인의 구속과 관련된 기사를 예로 설명하겠습니다.

구글에 Cho Kuk(조국), wife(부인), arrest(구속)이라는 세 가지 키워드를 넣고 검색을 하면 관련된 다수의 기사가 나옵니다. 그중 저는 (1) 연합뉴스의 영문 기사(제목: Wife of ex-justice minister arrested in corruption probe), (2) AP통신의 기사(제목: South Korean prosecutors arrest ex-minister's wife), (3) 로이터통신의 기사(제목: Wife of S.Korea's former justice minister arrested in corruption scandal) 세 개를 비교하며 설명하겠습니다.

우선 세 개의 기사 중 아무거나 먼저 읽고 그 안에서 영작하는
데 유용하게 쓸 수 있는 어휘나 표현을 선별하여 정리합니다. 여
기서는 (1) 기사를 가장 먼저 보겠습니다.

■ 유용한 표현1

A Seoul court "approved an arrest warrant for" Chung
⇒ 법원이 정씨에 대한 구속 영장을 발부했다.

■ 유용한 표현2

There is the possibility of Chung "attempting to destroy
evidence." ⇒ 증거인멸의 우려가 있다.

■ 유용한 표현3

Chung "appeared at the court."
⇒ 정씨가 법원에 모습을 나타냈다.

■ 유용한 표현4

"I will faithfully (explain everything) at the court hearing."
⇒ "재판에서 성실히 모든 것을 말씀드리겠습니다."

The prosecution sought an arrest warrant for Chung over 11 charges.
⇒ 검찰은 정씨에 대해 11가지 혐의를 적용해 구속 영장을 신청했다.

기사(1)의 독해와 그 안에 있는 유용한 표현 정리가 끝나면 기사(2)를 읽습니다. 그리고 기사(1)에서 뽑아낸 표현을 다르게 표현한 문장이 있는지 확인합니다.

기사(2)에서는 '구속 영장을 발부하다'를 'issued an arrest warrant for Chung'이라고 썼습니다. 이를 통해 '법원이 XXX으로 구속 영장을 발부했다'라는 말을 'A court approved an arrest for XXX'와 'issued an arrest for XXX' 두 가지로 표현할 수 있다는 것을 알 수 있습니다. '증거인멸의 우려가 있다'라는 문장도 다르게 표현됐음을 알 수 있는데요. 기사(1)에서 'attempt to destroy evidence'라고 쓰여진 이 표현을 기사(2)에서는 'attempt to tamper with evidence'로 쓰고 있습니다. 이를 통해 destroy와 tamper with가 동의어라는 것을 알 수 있죠.

이런 중복된 표현들을 확인하는 것 이외에 기사(2)에서만 발견된 유용한 표현들을 또 정리합니다.

Cho has apologized over alleged perks his daughter received. ⇒ 조씨는 자신의 딸이 받은 특혜(perks)에 대해 사과했다.

Cho's daughter received special treatment in her admissions to a top university in Seoul. ⇒ 조씨의 딸은 서울 소재 명문대에 입학하는 과정에서 특혜(special treatment)를 받았다. (하나의 글 안에서도 동일한 내용을 다르게 표현하는 경우가 많습니다.)

The scandal has caused the president's popularity to plummet. ⇒ 이 사건으로 인해 대통령의 지지도가 급격히 하락했다.

이 두 기사의 비교만으로도 벌써 복수의 형태로 표현할 수 있는 표현 두 개를 발견했습니다. 외워 두면 영작과 영어 말하기를 할 때 도움이 될 표현 8개도 찾았고요.

이제 마지막 남은 기사(3)을 읽도록 하겠습니다. 여기서는 '법원이 구속 영장을 발부하다'라는 문장을 또 다른 형태로 표현하고 있는 것을 발견하게 됩니다. 'A court upheld prosecutors' request for a warrant'라고 썼기 때문인데요. 이제 '법원이 XXX 에게 구속 영장을 발부하다'라는 문장을 적어도 세 가지 형태로 표현이 가능하다는 것을 알게 되었네요. (approved an arrest warrant for XXX, issued an arrest warrant for XXX, upheld request for a warrant)

이처럼 동일한 주제에 대한 복수의 기사를 찾고, 비교하며 읽는 것이 학습자의 입장에서는 번거로울 수 있습니다. 하지만 이 과정은 고급 수준의 영작과 말하기를 하기 위해서는 꼭 필요한 학습이라는 말을 드리고 싶습니다.

PART 4

영문기자의 영어 공부법II :
읽기와 듣기

1

'선거'라고 쓰고
'발기'라고 말하다

영어 신문사에서 근무하다 보면 외국인과 영어로 인터뷰를 하거나 대화를 할 기회가 많이 있습니다. 그러다 보면 영어 발음 때문에 웃지 못할 에피소드가 생기는데요. 몇 개 소개해드립니다.

과거 100% 영어로 진행되는 아침 라디오 프로그램에 출연했던 적이 있습니다. 국내 주요 뉴스를 브리핑하는 역할이었습니다. 문제의 그날 방송에서는 다가오는 대통령 선거와 관련된 소식을 전달했습니다. 저 나름대로는 큰 문제없이 방송을 했다고 생각하고 출근을 했습니다. 그런데 그날 오후 방송을 들었다는 회사 후배가 찾아와서는 "아침부터 너무 창피했어요"라고 하는 게 아니겠습니까. 이유는 이랬습니다. 제가 '대통령 선거presidential election'에서 election을 "일렉션"이라고 발음하지 않고 "이렉션"이라고 발음했다는 겁니다. '이렉션erection'은 '남성의 발기'를 뜻합니다. L과 R의 작은 발음 차이지만, 의미의 차이는 어마어마한 거죠. 너무나 창피했습니다. 지금도 그때를 생각하면 얼굴이 빨개지네요. 저의 부주의 때문에 아침부터 '대통령의 발기'에 관한 소식을 들으신 청취자들께 늦었지만 사과드립니다.

첫 번째 에피소드가 저의 부족한 발음 때문에 벌어진 일이라면, 이번 에피소드는 대화 상대방의 발음 때문에 제가 당황했던 경험입니다. 국내에 체류하던 미얀마 출신 시민운동가와 영어로 인터뷰를 한 적이 있습니다. 그분은 당시 미얀마 군부의 집권에 반대하는 활동을 하고 있었습니다. 질문과 대답이 오가는 와중에 그분이 말하는 특정 단어 하나를 도무지 알아들을 수가 없었습니다. 대화 중 몇 번이나 반복해서 쓰였는데도 말이죠. 그 단어의 발음은 '디꼬데'였습니다. 다행히 대화의 핵심과는 관련이 없었기 때문에 인터뷰는 그 단어에 대한 이해와는 상관없이 잘 끝났습니다. 그 후 기사를 쓰기 위해 녹음된 음성을 다시 들어봤는데요. "쌀라쌀라쌀라~~~ 디꼬데 ~~~ 쌀라쌀라쌀라~~~ 디꼬데~~" '디꼬데'는 문장과 문장 사이를 이어주는 역할을 하는 듯했습니다. 몇 번을 반복해서 들어도 무슨 소린지 모르겠던 '디꼬데'가 단어 앞뒤의 상황과 문맥을 살펴보니 그제서야 무슨 단어인지 알겠더군요. '디꼬데'는 바로 'because'였습니다.

  이번에는 저와 상대방 모두의 발음이 좋지 않아서 발생한 에피소드입니다. 사무실에서 야근을 하고 있었습니다. 그때 한 통의 제보 전화가 왔습니다. 자신을 터키인이라고 소개한 그 제보자는 자신이 한 음식점에서 인종차별을 당했고, 경찰에 신고했지만 제대로 수사를 하지 않는다는 내용이었습니다. 제보자는 자신이 인종차별을 당하는 당시를 녹음한 음성과 영상 파일이 있다고 했습니다. 저는 그 파일들을 이메일로 보내달라고 했습니다. 그런데 이메일 주소를 알려주는 과정에서 문제가 발생했습니다. 제 이메일 주소를 한 글자 한 글자씩 알려줬는데, 상대방이 통 알아듣지를 못했습니다. 스펠링 하나하나에 예를 붙여서 설명을 했지만(A for apple, B for boy, C for cat 등) 헛수고였습니다. 이런 식의 설명을 모르는 것 같았습니다. 그래서 제보자에게 '당신의 이메일을 알려달라Let me know your email address'고 했습니다. 이메일 주소를 알려주면 제가 그쪽으로 메일을 보낼 심산이었습니다. 그런데 이번에는 제가 그 사람이 알려주는 메일 주소를 알아들을 수가 없었습니다. 터키 사람들 특유의 억양 때문에 도무지 무슨 단어를 말하는지 알아들을 수가 없었습니다. 전화 통화는 하고 있지만 이메일 주소를 교환하지 못하는 어처구니없는 상황이 벌어진 거죠. 몇 분간 결실 없는 설명이 오간 후 제가 생각해낸 방법은 페이스북 쪽지 기능이었습니다. 다행히 제보자가 저희 회사의 페이스북 계정을 알고 있었고, 이곳을 통해 필요한 파일을 주고받을 수 있었습니다.

이 '사건'을 통해 배운 세 가지 교훈은 다음과 같습니다.

첫 번째, 이메일 주소는 짧고, 쉬운 스펠링으로 만들자. 두 번째, 외국인에게 쉽게 설명할 수 있는 방법을 미리 생각해두자. 세 번째, 이메일을 대신할 대체 수신처(예: 페이스북, 인스타그램 등)를 만들자.

2

Text to speech 기술을
활용한 발음 연습

앞선 사례에서 알 수 있듯이 영어 발음은 원활한 소통을 위해 매우 중요합니다. 발음이 이상하면 상대방과 소통이 아예 불가능할 수도 있고, 화자가 전달하고자 한 정보가 청자에게 다르게 전달될 수도 있습니다.('대통령의 발기'처럼 말이죠.) 그렇다고 발음에 너무 집착을 할 필요는 없습니다. 원어민과 같은 발음으로 영어를 하겠다는 목표를 세우고 연습하는 것은 더더욱 필요 없습니다. 그렇게 할 필요도 없고, 노력한다고 해서 쉽게 되지도 않습니다.

다시 한번 강조하지만 여러분의 국제역량을 키우는데 가장 중요한 과제는 여러분의 콘텐츠(전문 지식, 정보, 통찰력)를 확보하는 것입니다. 그리고 영어 공부는 그 콘텐츠를 영어로 전달하는 것에 초점을 맞춰서 해야 합니다. 같은 맥락에서 보면 여러분이 추구해야 하는 영어 발음은 '원어민' 발음이 아니라는 것을 알 수 있습니다. 여러분의 콘텐츠가 상대방에게 왜곡되지 않고 전달될 수 있는 수준의 발음이면 충분합니다.

요즘 TV에 자주 등장하는 외국인 방송인들을 예로 들어보겠습니다. 우리 사회가 빠르게 국제화되다 보니 방송에 출연하는 외국인들의 수도 점점 많아지고 있는데요. 그중에는 '우와 저 사람 완전 한국 사람이네'라는 생각이 드는 외국인들도 많이 있습니다. 여러분은 누구를 봤을 때 그런 생각이 들었나요? 그리고 여기서 질문! 그들의 어떤 모습을 봤을 때 그런 생각이 들었나요? 우리말 발음이 너무나 자연스러웠을 때? 물론 그럴 수 있습니다. 하지만 그것보다는 그들이 우리 사회와 문화 그리고 사람에 대한 지식과 이해도가 우리와 대등할 정도로 높을 때 더 그런 생각이 들지 않았나 생각합니다. 우리말 발음은 조금 어색해도 뜨끈한 해장국에 빨간 깍두기 국물을 섞어 마시며 '아~ 시원하다'라며 해장하는 외국인을 봤을 때 '저 사람 한국인 다 됐네'라는 느낌을 갖게 됩니다. 결국 발음보다 콘텐츠가 중요하다는 것을 보여줍니다.

그러면 여러분의 콘텐츠를 잘 전달하기 위해 필요한 영어 발음은 어떻게 연습해야 하는지 알려드리겠습니다. 앞서 설명한 영작을 통한 영어 말하기 연습의 연장선상에 있는 방법으로 'Text to speech' 기술을 활용한 방법을 추천합니다. 이는 글자로 쓰여진 내용을 음성으로 전환해주는 기술로서 구글에서 'Text to speech'로 검색을 하면 다수의 관련된 서비스를 제공하는 웹사이트를 찾을 수 있습니다. 대부분 무료로 사용 가능하고, 동일한 서비스를 제공하는 스마트폰 어플리케이션도 많이 있습니다. 요즘은 기능도 좋아져서 목소리(남자, 여자)와 발음(미국식, 영국식)도 원하는 대로 설정할 수 있습니다.

그러면 이 기능을 활용한 영어 발음 연습법을 알려드리겠습니다. 간단합니다. 앞서 여러분이 영작한 문장을 test to speech 웹사이트에 넣고 그 발음을 듣고, 따라 하며 연습하는 것입니다. 기계발음을 신뢰하기 어렵다는 분도 계실 수 있습니다. 하지만 실제로 들어 보시면 발음이 상당히 정확하다는 것을 확인하실 수 있을 것입니다.

이 방법은 발음 연습 이외에 다수의 부가적인 학습 효과가 있습니다. 앞서 영작 연습의 과정부터 되짚어 보자면 (1) 영어 원문 독해 → (2) 우리말로 번역 → (3) 2-3일 묵히기 → (4) 우리말 내용을 다시 영작 → (5) Text to speech 기능을 통해 영작한 내용을 듣고, 발음을 확인하는 과정으로 연결됩니다.

이를 통해 하나의 내용을 세 번 반복해서 학습하는 효과를 볼 수 있습니다. 우리말 단어, 문장과 매칭이 되는 영어 단어, 문장이 무엇인지, 그리고 그것의 발음까지 하나의 과정에서 반복학습이 가능해지는 것입니다. 그만큼 학습한 내용이 머릿속에 확실히 각인되고, 실전에서 활용할 가능성도 높아지는 것이죠. 문장 전체가 아니더라도, 영어 원문을 독해하거나, 우리말로 영작하는 과정에서 발음이 궁금했던 부분이 있었다면 text to speech 기능을 활용해 확인하는 것도 좋은 공부 방법입니다.

이렇게 공부를 하다 보면 평소 자신이 알고 있던 발음과 다르게 소리가 나는 단어들을 종종 발견하게 되는데요. 이런 단어들은 특히 관심을 갖고 기억해둬야 합니다. 여러분의 전문 분야와 관련된 용어의 경우는 특히 더 그렇습니다. 저도 이런 발견을 종종 하는데요, 지금까지 발견한 것의 일부를 적자면 다음과 같습니다.

(1) Fanfare: 우리들 사이에서는 '빵빠래'라고 발음되는 단어입니다. 하지만 영어로는 '펜페어~~ㄹ'라고 발음됩니다. (정확히는 '펜'이 아니라 'ㅍ' 와 'ㅎ' 사이에 있는 발음인데, 한글로는 정확한 표기가 어렵습니다.)

(2) NATO: 북대서양 조약기구North Atlantic Treaty Organization의 약어입니다. 국내에서는 통상 '나토'라고 발음하죠. 영어로는 '네이로'라고 발음합니다. 해외에 나가서 '나토'라

고 말하면 아무도 알아듣지 못합니다.

(3) Munich: 독일의 도시로 한국에서는 '뮌헨'이라고 발음합니다. 대표적인 예가 '뮌헨 올림픽'이죠. 하지만 영어로는 '뮤니~크ㅎ'라고 발음됩니다. 러시아의 수도 모스코바가 '모스코~오'라고 발음된다는 것은 많이 아실 겁니다.

(4) The Alps: 우리에게는 '알프스'라고 불리는 스위스의 산입니다. 하지만 해외에 나가서 '알프스'라고 하면 알아듣지 못합니다. '애업스'라고 해야 알아듣습니다.

(5) Model: 모델? ⇒ 마러(앞에 엑센트)

(6) Data: 데이터? ⇒ 데라(앞에 엑센트)

영어 방송 뉴스 대본을 읽으며 자신의 발음과 앵커의 발음을 비교하는 것도 좋은 방법입니다. 조금 번거롭지만 자신의 발음을 녹음하고, 그것을 앵커의 발음과 비교해가며 연습을 하면 보다 정확한 발음 교정을 할 수 있습니다. 미국 주요 방송사의 홈페이지에 가면 뉴스 대본과 함께 그것을 읽는 영상이나 음성 파일이 함께 있는 페이지를 찾을 수 있습니다. 이를 가장 적극적으로 하는 방송사는 미국 국무부 산하의 Voice of America VOA입니다. 이곳은 메인 홈페이지와 별도로 전 세계 영어 학습자들을 위한 교육 전용 홈페이지인 Learning English를 운영하고 있는데요(주소:

https://learningenglish.voanews.com/). 그곳에는 주요 뉴스 대본과 그것을 읽는 앵커의 목소리를 들을 수 있습니다.

우리나라와 관련된 뉴스로 연습하고 싶다면 대표 영어 방송인 아리랑TV를 활용하실 것을 추천합니다. 아리랑TV 메인 홈페이지(http://www.arirang.com/)에서 News 카테고리로 들어가면 우리나라와 관련된 각종 최신 뉴스에 대한 영상과 대본을 함께 보실 수 있습니다. 앞서 알려드린 대로 우선 뉴스 대본을 읽으시고, 영상에 나오는 기자의 발음과 비교하면서 연습을 하시면 됩니다. 발음 연습 이외에도 영어 듣기나 읽기 연습 교재로 활용해도 좋은 자료들입니다.

3

영어 듣기,
읽기 속도에 비례한다

영어 듣기 연습법에 대해 말씀드리겠습니다. 앞서 영어 말하기와 영작 실력이 비례한다고 한 것처럼, 머릿속 알고리즘을 알면 영어 듣기와 무엇이 관련이 있는지 알 수 있습니다. 그것은 바로 읽기 속도입니다. 특히 속독(빨리 읽기)능력과 관계가 깊습니다. 때문에 영어 듣기를 잘하기 위해서는 속독 연습을 해야 합니다. 빠르게 읽지만 의미는 정확하게 파악하는 속독 말이죠. 머릿속 알고리즘이 어떻길래 이런 말을 하는지 지금부터 설명해 드리겠습니다.

〈상황〉 영어 소리가 들려옵니다.

"The Korean Peninsula was once again covered under a thick blanket of fine dust earlier this week and the government issued emergency fine dust reduction measures for the first time this winter. To deal with this issue, the government also launched the National Council of Climate and Air Quality back in June."

이 상황에서 우리의 뇌는 이렇게 움직입니다.

(1) (소리가 들려온다) 첫 번째 문장을 머릿속으로 받아 적는
다(듣기 실력에 따라 문장 전체를 받아 적을 수도 있고, 단
어 몇 개, 문장 일부만 적을 수도 있음. 심지어 틀린 내용
을 적고 '난 들었다'라고 생각할 수도 있음)

(2) 머릿속에 적혀진 문장(혹은 단어)을 빨리 읽고 우리말로
해석하고 이해한다

(3) (그러는 사이) 두번째 문장의 소리가 귓속으로 들려온다

(4) 앞의 과정과 동일하게, 머릿속으로 들려오는 내용을 받아
적고

(5) 우리말로 해석하고

(6) 이해하고

(7) 그사이에 또 다른 문장이 들려온다

듣기는 이러한 과정을 무한반복하는 행위입니다. 동의하시나
요? 이를 단순화하면 결국 영어 듣기란 들리는 영어를 머릿속에
서 신속히 받아 적고, 우리말로 해석하고, 이해하는 과정입니다.
받아 적는 이후에 순서는 독해의 과정과 동일하죠. 이 과정을 정
확하고, 지속적으로 수행할 수 있으면 영어 듣기를 잘할 수 있는
것입니다. 단, 속도라는 요소를 무시해서는 결코 안 됩니다. 이러
한 과정을 처리하는 속도가 느리면 첫 번째 문장은 이해할 수 있
겠지만, 그다음부터는 듣기가 어려울 테니까요.

독해와 영어 듣기 간의 상관관계를 알았으니 이번에는 어떻게
독해 연습을 해야 영어 듣기 실력 향상에 도움이 되는지 알아보
겠습니다. 가장 중요한 것은 문법에 대한 지식과 어휘력을 키우
는 것입니다.

어떤 문장을 봤을 때 그것을 구성하는 문법과 단어들의 뜻을 모
르면 그 문장이 아무리 정확하게 적혔던들 해석이 불가능하겠죠.
때문에 문법 지식과 어휘력을 키우는 것은 독해뿐 아니라 듣기 실
력 향상을 위해서도 매우 중요합니다. 이것은 저의 실제 경험인
데요. 영문기자가 되기 위해 본격적으로 영어 공부를 시작할 당

시 저는 문법 공부를 집중적으로 했습니다. 자고로 '게임의 룰'을 아는 게 기본이라고 생각했기 때문이죠. 문법에 대한 암기와 이해가 충분히 되기 전에 독해 공부는 전혀 하지 않았습니다. 문법책에 나온 예문만 반복해서 읽는 게 전부였죠. 그런 상황에서 본 토익에서 재미있는 결과가 나왔습니다. 듣기 영역 점수가 문법 공부하기 전보다 거의 100점 정도 올라간 겁니다. 앞서 제시한 문장에는 다양한 문법적 요소들이 있습니다. 수동태(was once again covered)도 보이고 earlier라는 비교법도 나옵니다. 문장 맨 앞에 쓰인 정관사 The도 보이고, To 부정사도 보입니다. 이 문법 요소들이 하나의 문장 속에서 어떻게 유기적으로 결합되어 있는지 파악할 수 없다면 이 문장을 정확하게 이해할 수 없습니다. 만약 이것들을 모르고도 해석을 했다면 그것은 순전히 운이 좋았기 때문이겠죠. 그리고 사실 제시한 문장은 매우 단순한 문법 구조를 갖고 있습니다. 때문에 이 문장을 해석했다고 해서 '난 문법 잘 알아'라고 생각하는 것은 금물입니다.

어휘력에 대해 알아보겠습니다. 이것은 긴 설명이 필요 없습니다. 단어의 뜻을 모르는데, 해석을 한다는 것은 말이 안 되죠. 제시한 문장의 핵심 메시지와 관련된 단어들만 최소한으로 추리면 다음과 같습니다.

Korean Peninsula, covered, fine dust, the government,

reduction measures.

적어도 이 단어들은 알아야 위 문장이 전하는 메시지의 핵심을 이해할 수 있습니다. 만약에 모르는 게 하나라도 있다면? 핵심 메시지 중 놓친 부분이 분명 있을 것입니다.

이 밖에 또 하나의 난관이 있는데요. 그것은 바로 '읽는 속도'입니다. 잘 듣기 위해서는 머릿속에 적은 문장을 최대한 빠르게 읽고 이해한 후 다음 문장으로 넘어갈 수 있어야 합니다. 첫 번째 문장에 대한 처리가 두 번째 문장이 들어오기 전에 끝나야 합니다. 그렇지 못하면 두 문장이 머릿속에서 뒤죽박죽이 되어 결국 아무것도 제대로 들은 게 없을 테니까요.

앞서 제시한 문장으로 다시 돌아가보죠.

The Korean Peninsula was once again covered under a thick blanket of fine dust earlier this week and the government issued emergency fine dust reduction measures for the first time this winter.

여러분이 이 문장을 해석하는데 10초가 걸린다고 가정해 보겠습니다. 그런데 누군가가 이것을 7초에 말했다면 여러분은 그 말을 정확히 알아들을 수 있을까요? 눈에 보이는 상황에서 독해에

10초가 걸리는 문장을, 이것이 보이지 않는 상황에서 7초에 해석한다? 불가능합니다. 보이는 상황에서 5초 정도에 해석할 수 있어야, 보이지 않는 상황에서 7초의 속도로 나오는 말을 듣고 이해할 수 있습니다.

지금까지의 내용을 요약한 영어 듣기를 잘하기 위한 필요조건은 다음과 같습니다.

(1) 풍부한 문법 지식

(2) 풍부한 어휘력(자신의 전문 분야와 관련된 어휘, 표현은 필수)

(3) 이를 바탕으로 한 속독 연습

4

듣기 실력에
터보 엔진을 다는 법

앞 장의 내용을 읽으시고 '저걸 다 언제하나'라며 한숨이 나오셨나요? 이번 장에서는 그 부담감을 조금은 줄여드릴 수 있는 정보를 드리겠습니다. 사실 문법 지식과 어휘력을 충분히 쌓는 것만으로도 상당히 오랜 시간과 인내, 그리고 노력이 요구됩니다. 그런데 거기에 속독 연습까지 해야 한다니. 듣기만 해도 숨이 턱 막힐 만합니다. 이런 분들을 위해서 제가 상대적으로 짧은 시간에 듣기 실력을 향상시켜주는 '꼼수(?)' 하나를 공개하겠습니다. 이 방법을 활용하면 상대적으로 적은 문법 지식과 어휘력을 갖고도 높은 수준의 영어 듣기가 가능합니다. 그것은 바로 들어야 하는 주제와 관련된 배경지식background knowledge을 공부하는 것입니다.

예를 들어 북한 비핵화와 관련된 내용을 영어로 들어야 할 경우 듣기 전에 북한 비핵화와 관련된 배경지식을 충분히 공부하는 것입니다. 인공지능 통번역에 대한 내용을 들어야 할 경우에는 마찬가지로 그것과 관련된 배경지식을 사전에 공부하는 거죠. 이처럼 자신이 영어 듣기를 해야 하는 분야에 대한 배경지식을 미리 공부한 후에 그 내용을 들으면 적어도 그 분야에 대해서는 듣기 능력이 향상된다는 것을 경험하실 수 있습니다. 여기서 말하는 배경지식이란 주제와 관련된 지식만을 말하는 게 아닙니다. 주제와 관련된 핵심적인 영어 명사, 동사, 표현이 포함되는 개념이죠.

과거 제가 외교부 출입기자로 있을 때 이러한 경험을 한 적이 있습니다. 그때나 지금이나 외교부 출입기자의 관심사에는 미국이 항상 포함되어 있는데요. 다양한 분야에 있어서 우리나라와 밀접한 관계를 갖고 있기 때문입니다. 그리고 이러한 상황들을 정확히 파악하기 위해서 관련된 다양한 책, 보고서를 빠르게 읽고 핵심 내용을 파악해야 합니다. 저도 당시 다양한 기관에서 발행하는 자료들을 읽었었는데요. 그중에는 영문 보고서도 많이 있었습니다. 자연히 짧은 시간에 한미간 주요 쟁점에 대한 지식을 어느정도 쌓을 수 있었습니다. 어느 날이었습니다. 미국 CNN방송을 보고 있었는데요. 미식축구를 비롯한 스포츠 소식이 줄줄이 나오고 있었습니다. 그때나 지금이나 저는 스포츠에 큰 관심이 없습니다. 관련된 뉴스도 잘 읽지 않죠. 때문에 스포츠와 관련된 영어는 잘 모릅니다. 다시 당시로 돌아가서, TV화면을 열심히 보기는 했습니다. 하지만 무슨 이야기를 하는지 잘 알아듣지 못했죠. 화면과 자막 없이 오로지 귀로만 들었으면 내용의 50%나 겨우 알아들었을까 하는 수준이었습니다. 스포츠 뉴스가 끝나고 국제소식으로 넘어갔는데요, 웬일로 첫 꼭지가 한미 관계와 관련된 내용이었습니다. 그런데 이게 웬일입니까. 좀 전에 스포츠 뉴스 때와는 180도 다르게 너무나 내용이 잘 들리는 것입니다. 기사에 사용된 단어, 전치사, 접속사 하나하나까지 모두 정확하게 다 들렸습니다. 야구 경기에서 타자가 컨디션이 좋은 날에는 투수가 던진 공에 실밥이 다 보이기도 한다는 말을 들은 적이 있는데요. 마치 그런 기분이었습니다.

배경지식이 영어 듣기에 긍정적 영향을 준다는 것은 많은 연구를 통해 입증됐습니다. 2015년 대만의 두 대학이 공동으로 발표한 연구 결과(제목: The Role of Background Knowledge and Proficiency in Vocational EFL Learners' Listening Comprehension)가 그중 하나입니다. 이 연구는 직업고등학교에 재학 중인 학생 110명을 대상으로 진행됐는데요, 이들을 전공(경영관리, 공학)에 따라 두 그룹으로 나눴고, 이들을 다시 토익 성적(상위권, 하위권)을 기준으로 다시 두 그룹으로 나눠서 총 네 개의 그룹을 만들었습니다. 그 후 이들을 대상으로 비즈니스와 관련된 내용의 영어 듣기 시험을 실시했는데요. 경영 관리를 전공한 학생들의 점수가 공학 전공자들보다 통계적으로 유의미한 수준으로 높게 나왔습니다. 특히 경영 관리 전공자들 중 토익 성적 하위권 사람들의 점수 상승폭이 가장 컸는데요. 연구진은 배경지식을 통한 듣기 연습이 영어 실력 하위권인 사람들에게 더 효과가 있다는 것도 확인했습니다. 이러한 결과의 이유에 대한 연구진의 설명은 이렇습니다. 영어를 못하는 사람은 특정 주제에 대한 영어를 들을 때 보통 문장에 쓰인 단어 몇 개만 알아듣고, 그 단어들의 뜻, 단어 간의 관계 등을 나름대로 추정하여 문장의 전체 내용을 파악한다고 합니다. 그런데 이와 관련된 배경지식을 갖고 있다면 그 추론의 정확성이 더 올라간다는 거죠. 이 밖에 'background knowledge', 'english listening comprehension'으로 구글에서 검색을 하시면 관련된 더 많은 연구 논문을 찾아보실 수 있습니다.

국내 통역 대학원의 커리큘럼에 경제 금융, 사회 문화, 국제 관계, 과학 기술 등 언어와 직접적 관련이 없는 내용의 수업이 포함되어 있는 것도 동일한 이유 때문입니다. 다양한 분야에 대한 배경지식을 쌓기 위함이죠. 아는 만큼 보이는 게 여행이라면, 아는 만큼 들리는 게 영어입니다. 통역사들이 신문을 매일 습관처럼 읽는 것도 같은 이유 때문입니다. (우리말 신문을 읽고, 비슷한 내용의 국내외 영어 신문, 잡지 기사를 읽으면서 배경지식과 연관된 영어 단어, 표현을 매칭하는 방법을 많이 사용합니다.) 언제, 어떤 내용을 듣고, 말해야 할지 예측할 수 없는 통역사들에게 신문을 통한 꾸준한 배경지식 학습은 필수입니다.

마지막으로 풍부한 배경지식은 '이상한 발음'도 알아들을 수 있도록 해주는데요. 앞서 'because'를 '디꼬데'라고 발음한 미얀마인에 대한 이야기를 해드렸습니다. 영어가 국제어Lingua Franca이기 때문에 발생하는 어쩔 수 없는 현상이라 할 수 있습니다. 당시 제가 '디꼬데'가 'because'라는 것을 알 수 있었던 것은 해당 단어 주변의 문맥과 대화의 내용에 대한 전반적 분석을 통해서였습니다. 그림 전체가 보이니, 그 안에 작은 빈칸이 있더라도 내용을 이해하는데 문제가 없었던 것입니다.

유튜브로
어학연수 떠나기

여러분은 어떤 어플 또는 웹사이트를 사용하여 영어 듣기를 연습하시나요? 인터넷이 워낙 발달한 요즘 조금만 품을 들이면 고품질의 영어를 공짜로 들을 수 있는 어플과 웹사이트를 수없이 찾을 수 있습니다. 개인적으로 저는 튠인TuneIn이라는 라디오 어플과 영국 BBC방송 어플을 통해 뉴스를 듣는 것을 좋아하는데요. 출퇴근 시간 지하철 안에서나 산책을 할 때 주로 사용합니다. 간밤에 세계 각지에서 벌어진 굵직굵직한 소식도 듣고, 동시에 영어 듣기 연습도 하는 일석이조의 효과를 얻을 수 있기 때문이죠. 평소에 듣기 연습을 하시는 분들은 이미 자신만의 방법을 하나씩은 갖고 계실 텐데요. 이번 장에서 저는 유튜브를 활용하는 방법을 소개해 드릴까 합니다.

영어 듣기 연습에서 유튜브가 갖는 결정적 장점 세 가지를 말씀드리겠습니다.

우선 방대한 콘텐츠입니다. '정말 없는 것 빼고 다 있다'고 할 수 있을 정도로 유튜브에서 찾을 수 있는 콘텐츠의 규모는 방대합니다.

이로 인한 두 번째 장점은 여러분의 '국제역량' 향상에 필요한 콘텐츠를 쉽게 찾을 수 있다는 것이죠. 여러분의 전문 분야가 무엇이든 그것과 관련된 영어 영상은 분명히 있습니다.

유튜브의 마지막 장점은 자동 자막 기능auto-captions입니다. 영어로 녹화된 영상에 대한 영어 자동 자막의 경우 그 정확도가 상당히 높은데요. 제 경험에 따른 자막의 정확도는 거의 80% 수준입니다. (구글의 인공지능 기술이 계속 발달함에 따라 정확도는 계속 올라가고 있습니다.) 이 기능을 통해 여러분이 어떤 영어 영상을 볼 때 들리지 않았거나, 확실하지 않은 부분의 내용을 시각적으로 확인할 수 있습니다. 이는 다른 어플이나 웹사이트에서는 제공하지 못하는 유튜브만의 차별화된 장점입니다.

✎ 유튜브에서 자동 자막 기능 설정하는 방법

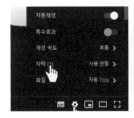  

그럼 지금부터는 유튜브를 활용해 영어 듣기 연습을 하는 방법에 대해 자세히 설명하겠습니다. (현재 자신만의 확실한 방법이 있으신 분들은 참고만 하시면 되겠고, 그렇지 않은 분들은 한번 따라해 보시기를 추천합니다.)

(1) 일단 읽자

듣기 공부법을 말하는데 갑자기 뭘 독해를 하냐고 생각하시는 분들이 계실 텐데요. 앞서 영어 듣기는 속독 실력과 관련이 있다고 말씀드렸습니다. 배경지식이 듣기 실력에 미치는 영향도요. 독해를 먼저 하라는 이유는 바로 그것 때문입니다. 무작정 듣는다고 듣기 실력이 향상될까요? 주제와 관련한 단어를 모르는데 무작정 많이 듣는다고 그 단어의 뜻을 알게 될까요? A라는 주제에 대한 듣기 연습을 하고자 하신다면 우선 그 주제와 관련된 적당한 길이의 영어 지문 5개 정도를 우선 정독하시기 바랍니다. 정독을 통해 주제와 관련된 배경지식도 쌓으시고, 거기에 사용된 주요 어휘와 표현에 익숙해지셔야 합니다. 혹시 그 분야의 전문 용어가 있다면 그것은 꼭 암기하셔야겠죠. (주요 어휘, 표현을 따로 정리하는 것도 추천합니다.)

(2) 유튜브로 Go Go!

독해를 통해 배경지식과 주요 어휘에 대한 지식을 쌓았다면 이제 본격적으로 듣기 연습을 해야겠죠. 앞서 유튜브의 방대한 콘텐츠에 대해 말씀드렸는데요. 이제 그것을 확인해볼 시간입니다. 독해를 통해 익힌 A분야의 핵심 단어나 문장을 유튜브의 검색창에 입력해 보시기 바랍니다. 처음에는 너무 긴 영상보다는 5분 내외의 영상으로 연습하시는 것을 추천합니다. 말이 빠르지 않고, 발음이 또렷한 것이 있다면 첫 연습 대상으로 최적입니다. 처음 몇 번은 자동 자막 기능을 활성화하지 않은 채로 끝까지 듣습니다. 그러면서 전체의 몇 %가 들리는지, 어떤 부분이 잘 안 들리는지를 체크합니다. 적극적으로 듣기 연습을 하고자 하시는 분은 받아쓰기를 하셔도 좋습니다. 자막 없이 충분히 들었다고 생각이 들면 이제는 자동 자막 기능auto-captions을 활성화하고 자막을 보면서 다시 영상을 보시면 됩니다. 자막에 틀린 내용이 있을 수도 있습니다. 하지만 여러분은 이미 독해를 통해 배경지식을 쌓은 상황이기 때문에 자막의 작은 오류 때문에 전체 내용을 잘못 이해하는 일은 없을 것입니다. 도리어 '자막 여기가 이렇게 틀렸구나'라고 지적하는 입장이 될 것입니다. 독해를 통해 배경지식을 쌓았고, 자막을 통해 영상의 내용도 확인했으니 이제 해당 영상에 대한 듣기는 어느 정도 마스터했다고 봐도 됩니다.

(3) MP3로 저장하자

앞의 방법을 통해 A분야와 관련해서 마스터한 영상들을 하나하나씩 늘려 갑니다. 그리고 그 수가 조금 쌓이면 그 영상들의 음성을 MP3파일로 전환해서 자신의 스마트폰에 저장합니다. 화면을 전혀 보지 않고, 100% 소리에만 의존한 듣기 연습을 하기 위함입니다. 사실 자막 없이 영상을 봤다고 해도, 그 화면 자체가 주는 메시지가 있기 때문에 그 영상의 내용을 100% 귀로 들었다고 하기는 어렵습니다. 외국인과 대면한 상황에서는 영어가 잘 나오다가 전화를 통해 대화를 하면 잘 안 되는 것도 이런 이유 때문입니다. 구글에 'Youtube Mp3 Converter'라고 검색을 하면 유튜브 영상의 음성을 무료로 MP3파일로 전환해주는 사이트들을 찾을 수 있습니다. 이곳을 통해 전환한 MP3파일을 스마트폰에 저장하여 출퇴근 시간이나 자투리 시간이 날 때 반복해서 들으면서 내용, 사용된 어휘, 표현 등에 귀가 익숙해지도록 만들면 됩니다.

이런 방식으로 꾸준히 듣다 보면 머릿속에 각인되는 문장이 생기기 시작하는 순간이 옵니다. 마치 좋아하는 노래를 반복해서 듣다 보면 '이 부분에서 드럼비트가 이렇게 나오지'라고 생각이 드는 것처럼 말이죠.

(4) 주제별로 세분화된 나만의 자료모음 폴더를 만들자

이렇게 만들어진 MP3파일이 쌓이면, 세부적인 주제나 내용에 따라 (만약 가능하다면) 구분하여 별도의 폴더에 저장합니다. 이는 추후 특정 주제나 내용에 대한 복습을 쉽게 하기 위함인데요. 학습의 양이 증가하면 자연히 앞에 공부한 내용은 점차 잃어버리게 됩니다. 그런데 일을 하다 보면 그 잃어버린 내용이 필요한 경우가 생기기 마련이고, 그제서야 그 내용을 다시 찾아서 공부하는 것은 여간 번거로운 일이 아닙니다. 그럴 때 주제별, 이슈별로 자료가 잘 정리된 폴더가 있다면 해당 내용을 복습하는데 들어가는 시간과 노력을 많이 절약할 수 있습니다. 폴더에 들어가는 것은 MP3파일만이 아닙니다. 독해 단계에서 읽었던 자료들, 그러면서 정리한 어휘, 표현들, 유튜브 영상 주소 모두를 함께 넣는 것이 좋습니다. 그래야 필요할 때 1번부터 3번까지의 과정을 쉽고 빠르게 복습할 수 있을 테니까요. 저도 개인적으로 관리하고 있는 영어 공부용 폴더가 있습니다. 국내외 영어 신문을 읽다가 도움이 되는 기사들을 보면 주제별로 스크랩을 해서 모으고 있는데요. 기자라는 직업의 특성상 언제 어떤 주제의 기사를 써야 할지 모르기 때문입니다. 우선 정치, 경제, 사회, 문화, 연예, 스포츠 등의 대주제로 구분하고, 각 대주제와 연관된 세부 주제들에 대한 폴더를 만들어 관리하고 있습니다. 예를 들면 '사회'라는 대주제 하위에 교육, 범죄율, 표절, 비만, 패스트푸드, 음주, 저출산, 고령화, 동성애, 사형, 지진, 입양, 성형 수술 등의 폴더를 만들고, 각 폴더에 해당 주제와 관련해 읽었던 괜찮은 글들, 거기에 나오는 주요 어휘, 표현 등을 저장해 놓습니다. 기자가 아닌 여러분이 이렇게 세부적인 구분을 할 필요는 없습니다. 여러분의 전문 분야에만 집중하시면 됩니다.

PART 5

피할 수 없는 암기,
재미있게 하자

"
문법 공부의 우선순위를
알려드립니다
"

이번 장을 쓰기 위해 책장 구석에 꽂혀 있던 문법책을 오랜만에 펴봤습니다. 회사 근처 대형 출판사에 들러 요즘 나온 문법책들도 살펴봤고요. 예시나, 독자 친화적 설명이 늘어난 것 빼고는 큰 틀에서는 달라진 게 없어 보였습니다. 제가 본 문법책은 두 권짜리 세트로 전체가 약 500페이지로 상당히 두껍습니다. 제 기억에는 이 책을 한 10번은 반복해서 봤던 걸로 기억합니다. (우와~ 신이여 제가 정말 이 책을 봤단 말입니까!) 책 마지막 페이지까지 밑줄이 처져 있고, 중간중간 정성 들여 쓴 요약 메모가 붙어 있는 걸 보니 정말 치열하게 공부했던 시간이 떠오릅니다. 문법 공부의 중요성은 굳이 자세한 설명을 드리지 않아도 잘 아실 겁니다.

문법은 그 언어를 사용하는 규칙입니다. 사회의 법과 같은 거죠. 그래서 공부를 시작도 하기 전에 덜컥 두려움이 드는 것도 사실입니다. 죄다 암기를 해야 하기 때문이죠. 일부 이해의 영역도 있지만 실제로 문법 공부의 80%는 암기입니다. (빨간 신호등에는 차를 멈춘다는 것이 이해가 아닌 암기의 결과인 것처럼 말이죠.) 결국 암기가 답이라면, 조금이라도 마음의 부담을 줄일 수 있는 방법은 없을까요? 실전에서의 중요도에 따라 우선순위를 정하고 그 순서대로 공부하면 조금이라도 위안이 되지 않을까요? 그래서 이번 장에서는 저의 경험을 기반으로 문법의 중요도에 따른 우선순위와 그 이유에 대해 말씀드리도록 하겠습니다. 어떤 책을 보면 좋냐고요? 시중에서 구할 수 있는 문법책이면 충분합니다. (단, 영어 회화에 초점을 맞춰 제작된 영문법 교재는 피하세요.)

서론이 너무 길었습니다. 바로 본론으로 들어가겠습니다. 제 경험에 기초한 문법의 우선순위를 발표합니다.

1) 동사

- 중요도 ★★★★★
- 동사는 영어의 핵심 중의 핵심입니다. 이 부분은 최소한 5번 이상 반복해서 보면서 내용을 암기해야 합니다. '자동사', '타동사', '사역동사' 같은 문법 용어는 전혀 중요하지 않습니다. 동사의

세계는 넓고, 광활하여 문법책만으로는 그것의 전체를 제대로 볼 수 없습니다. 동사의 숫자도 엄청나고, 상황과 목적에 따라 그 모양이 변하기까지 합니다. 때문에 동사에 대한 문법적 이해가 어느 정도 된 후에는 꼭 독해를 통해 실제 문장에서 동사가 어떻게 사용되는지 파악하시기 바랍니다.

2) 분사

- 중요도 ★★★★★
- 동사의 폭넓은 활용을 위해서 꼭 알아야 하는 내용입니다. 명사를 수식하는 형용사적 표현을 동사의 원형에 ~ing 또는 ~ed 를 붙여서 만드는 것이 핵심입니다. 암기 30%, 이해 70%의 영역으로 어렵지 않습니다. 문법책을 2회 정도 정독한 후 독해를 통해 실전 감각을 키우시기 바랍니다.

3) 부정사

- 중요도 ★★★★★
- 'to'로 대표되는 부정사도 영어에서 가장 많이 사용되는 문법 요소들 중 하나입니다. 문장 하나에 두세 개의 to가 나오고, 그 이상으로 사용되는 경우도 허다합니다. 때문에 to의 사용법에 대한 정확한 이해와 암기는 필수입니다. 이론 공부 후에는 독해를 통해

실제 문장에서 부정사가 어떻게 사용되는지에 대해 알아야 합니다. 문법책의 부정사 부분을 2-3회 정독한 후 독해를 통해 추가적 암기와 이해의 폭을 넓히시는 것을 추천합니다.

4) 동명사

• 중요도 ★★★

• 초급자에게는 당장 필요가 있는 부분은 아닙니다. 중급 이상의 학습자가 조금 길고, 복잡한 문장을 읽거나 만들 경우에는 알아야 하는 내용입니다. 관련 문법 내용을 2-3회 정독한 후, 문장에서 ~ing형태의 단어를 중점적으로 분석해 보시기 바랍니다. 특히 그 단어가 왜 ~ed가 아닌 ~ing의 모습을 하고 있는지에 대해 집중적으로 분석해 보시기 바랍니다.

5) 접속사

• 중요도 ★★

• 접속사(and, because, since 등)는 영어 초보자도 어느 정도 알고 있는 부분이라 생각합니다. 그리고 문장을 구성하는 핵심 요소라기보다는 문장과 문장을 논리적으로 부드럽게 연결해 주는 역할을 하기 때문에 다른 중요한 부분을 다 공부한 다음에 배워도 괜찮은 분야입니다. 개인적으로 as의 용법을 아직 100% 이해하

지 못하고 있습니다. 사전을 찾아보시면 아시겠지만 as가 갖고 있는 뜻이 매우 많습니다. 특히 when(때, 시기)의 의미를 사용하려 할 때 as와 when 중 무엇을 사용하는 게 맞는지 헷갈릴 때가 종종 있습니다. 저도 이 부분에 있어서는 여전히 독해를 통해 as와 when의 차이를 구분하고, 관련된 문장을 통째로 암기하는 방식으로 실전 감각을 키워가고 있습니다.

6) 관계사

• 중요도 ★★★

• 하나의 문장 속에 관련된 다른 문장을 삽입하는 테크닉으로 중급 이상의 문장을 읽거나 만들기 위해서는 꼭 알아야 하는 내용입니다. 관련 문법을 2-3회 정독한 후, 독해를 통해 실전 감각을 익히시기 바랍니다.

7) 시제

• 중요도 ★★★★★

• 시점(현재, 과거, 미래)에 대한 내용으로 꼭 알아야 하는 문법입니다. 암기 30%, 이해 70%의 영역으로 어렵지 않습니다. 한국어에는 없는 '~완료형'이라는 추상적 개념이 있지만 그리 어려운 개념은 아닙니다. 12개의 시제를 도표로 그리면 이해하는데

도움이 됩니다. 인터넷에서 '영어시제 도표'로 검색하시면 시제와 관련된 다양한 도표들을 보실 수 있습니다.

8) 조동사

- 중요도 ★★★★
- 동사 공부의 일부분입니다. 따라서 중요합니다. 동사뿐만 아니라 시제와도 연결되는 내용이 있기 때문에 동사, 시제, 조동사를 하나의 패키지로 함께 공부하시기를 추천합니다.

9) 수동태

- 중요도 ★★★★
- 타의에 의한 행동이나 사건을 표현하는 기법으로 간단한 문장에서도 많이 사용됩니다. 이론도 간단하고, 어떤 상황에서 사용되는지에 대한 감각만 익히면 되기 때문에 초보자도 쉽게 배울 수 있습니다.

10) 가정법

- 중요도 ★★★★
- '만약에~', '혹시~'라는 문장을 만드는 방법입니다. 일상 생활에서 이런 표현을 굉장히 많이 쓰죠. 그만큼 많은 학습이 필요

한 부분입니다. 대부분의 경우 문법 내용이 실전에서 그대로 적용되기 때문에 문법을 확실히 이해하고 암기하는 것이 첫 번째입니다. 그 후 문장 속에서 가정법이 어떻게 사용됐는지 살펴보는 순서로 공부하시기 바랍니다.

11) 관사

- 중요도 ★★

- 많은 영어 고수들에게도 '미완의 꿈'으로 남아있는 것이 바로 관사입니다. 문법 내용만 보면 결코 어렵지 않습니다. 하지만 결코 배운 문법대로 쓰이지 않는 게 또 관사입니다. 잡힐 듯 잡히지 않는 미꾸라지와 같은 존재라고 할까요. 때문에 관사의 경우는 독해를 통한 학습이 절대적으로 필요합니다. 기본적 문법 지식을 습득한 후 지속적인 독해를 통해 관사 사용에 대한 '감각'을 키워야만 사용의 정확도를 높일 수 있습니다.

12) 비교

- 중요도 ★★★

- 'A가 B만큼 크다', '여의도의 2배 크기' 등과 같이 복수의 대상을 서로 비교하는 문장으로 만드는 데 쓰이는 문법입니다. 최우선적으로 배워야 할 내용은 아닙니다. 중급 이상의 학습자가 조금

길고, 복잡한 문장을 읽거나 만들 경우에는 알아야 하는 내용입니다.

13) 병치

• 중요도 ★★★

• 'He is a lawyer and medical doctor'처럼 and를 중심으로 양쪽에는 동일한 문법 요소(명사 and 명사, 형용사 and 형용사)가 와야 한다는 내용입니다. 매우 상식적인 내용으로 이해만 하고 넘어가도 충분합니다.

14) 도치

• 중요도 ★

• 자주 쓰이는 문법은 아닙니다. 특정 내용을 강조하거나 글에 기교를 부릴 때 주로 쓰이는 문법입니다. 난이도 있는 문장의 독해 시 필요할 수 있기 때문에 중급 이상의 영어 수준을 갖으신 분들만 공부하실 것을 추천합니다.

2

'질적 독해'로
문법을 뽀개자

4개 국어를 유창하게 구사하는 회사 후배가 있었습니다. 외교 관인 아버지를 따라서 어려서부터 다양한 나라에서 생활을 한 덕분이었습니다. 그 후배는 중국어와 일본어가 제일 자신 있다고 했습니다. 그다음으로 한국어, 제일 못하는 언어가 영어고요. 그럼에도 영어 신문사에 입사할 실력이었으니 중국어와 일본어 실력은 굳이 묻지 않아도 짐작이 갔습니다. 어느 날 한국, 중국, 일본 삼국이 연관된 외교 이슈를 취재하고 있는 그 후배를 옆에서 지켜봤는데 정말 감동적이었습니다. 우선 한국 외교부에 전화를 걸어 (한국어) 필요한 정보를 확인하고, 바로 국제 전화로 일본의 모 국회의원과 통화(일본어)를 해서 입장을 확인했습니다. 연이어 중국에 있는 전문가에게 전화(중국어)를 걸어서 중국의 반응을 확인하더군요. 그 후배는 삼국을 넘나들며 수집한 취재 내용을 잘 정리하여 마감 시간deadline에 늦지 않게 영어로 기사를 써서 제출했습니다. 다국어 구사자polyglot의 위엄을 두 눈으로 똑똑히 목격하는 순간이었습니다. 어느 날 그 후배에게 물어봤습니다. "야, 나는 영어 하나 공부하는 것도 힘든데, 너는 네 가지 언어 실력을 어떻게 유지하냐?" 후배의 대답은 간단했습니다.

"많이 읽어요."

영어와 한국어는 일을 하면서 사용하기 때문에 따로 시간을 내서 공부할 필요는 없다고 했습니다. 중국어와 일본어는 따로 시간을 내서 공부를 하는데 그 방법은 해당 언어로 된 책을 한 권씩 돌아가며 읽는다고 했습니다. 중국어책 → 일본어책 → 중국어책 → 일본어책, 이렇게 말이죠. 그날 그의 손에는 손바닥 사이즈의 일본어 소설책 한 권이 쥐어져 있었습니다. 퇴근 후에는 서울로 유학 온 중국인 여자 친구를 만나러 간다고 하더군요.

외국어로 먹고살다 보면 이 후배 같은 다국어 구사자들을 종종보게 됩니다. 4개 국어는 드물지만, 3개 국어를 유창히 구사하는 사람들은 생각보다 많습니다. 영어 하나도 버거운 저의 입장에서는 참 부러운 존재들이죠. 이들을 만날 때면 저는 각 언어별 실력을 어떻게 유지, 향상시키는지 물어보곤 합니다. 그때마다 돌아오는 대답은 대부분 이렇습니다. "많이 읽어요."

사실 읽기는 영어를 비롯한 외국어 공부의 시작이고 동시에 가장 중요한 부분입니다. 저도 지금껏 다양한 방법으로 영어를 공부해봤지만 결국 실력 향상에 가장 큰 도움을 준 것은 읽기였습니다. 좋은 글을 분석하며 정독하는 것보다 좋은 공부법은 없다고 생각합니다. 저는 이러한 읽기를 '질적 독해'라고 부르는데요. 짧은 시간에 많은 글을 읽는 것이 아니라 하나의 글에 사용된 문법적 요소, 어휘, 표현, 이야기의 흐름 및 논리 구조까지 세세하게 분석하며 읽는 것을 말합니다. 특히 질적 독해는 영어 초보자들에게 추천해 드리는데요. 그 이유는 영어의 기초체력을 튼튼하게 만들어주기 때문입니다.

영어의 '기초'를 구성하는 것은 문법과 단어입니다. 영어를 만드는 최소 단위죠. 이것들이 정해진 규칙에 따라 이합집산한 결과가 하나의 문장이고, 이것이 모여서 하나의 글이 됩니다. 따라서 영어 실력은 이러한 이합집산의 규칙을 얼마나 정확히 알고, 현실에 능숙하게 적용할 수 있는지에 따라 결정됩니다. 그 결과물을 입으로 뱉으면 영어 말하기이고, 쓰면 영작입니다. 남이 만든 결과물을 분해하여 소화하는 것이 읽기와 듣기고요. 그리고 그 결과물을 하나하나 분해하여 구석구석 살펴보고 따져보는 것이 '질적 독해'입니다. 때문에 질적 독해를 꾸준히 하면 읽기 능력뿐만이 아니라 말하기, 듣기, 쓰기 실력 모두 향상됩니다.

다음의 문장을 통해 '질적 독해'를 어떻게 하는지 보여드리겠습니다.

> Photos of actor Song Joong-ki posing with an unidentified woman at a restaurant have gone viral since Saturday.
>
> (출처: The Korea Times)

우선 개별적 의미를 갖는 단위로 문장을 분해합니다.

> (1) Photos of actor Song Joong-ki / (2) posing with an unidentified woman / (3) at a restaurant / (4) have gone viral / (5) since Saturday.

그리고 각 단위에서 발견되는 문법, 어법적 요소를 하나하나 파악하며 읽습니다.

(1)에서 'of'는 문법적으로 어떤 용도일까요? 그래서 이 부분은 어떻게 해석될까요?

(2)에서 동사 pose는 왜 ing가 붙은 형태가 됐을까요? (pose

나 posed가 아니고) 그리고 posing은 무엇을 수식하고 있나요?
unidentified woman의 뜻은 무엇이고, 동사 identify에 왜 ed가
붙었을까요?

(3)에서 왜 at일까요? in, on, for, with는 왜 아닐까요?

(4)에서 has가 아니라 왜 have일까요? gone viral의 뜻은 무
엇일까요?

(5)에서 since Saturday는 어떻게 해석해야 할까요?

참고로 영어 기사는 저널리즘 글쓰기 방법에 기초하여 쓰여집
니다. 몇 가지 규칙만 아시면 보다 쉽고 재미있게 영문 기사를 읽
을 수 있습니다. 관련해서는 《영자 신문을 읽는 10가지 공식》을
추천합니다.

또 하나의 문장에 대한 질적 독해를 해보도록 하겠습니다.

North Korea appears to be developing warheads to penetrate
a ballistic missile shield defending Japan.   (출처: Reuters)

앞에서와 마찬가지로 개별적 의미를 갖는 단위로 문장을 분해
합니다.

> (1) North Korea appears to be / (2) developing warheads / (3) to penetrate a ballistic missile shield / (4) defending Japan.

그리고 역시 각 단위에서 사용된 문법, 어법적 요소를 하나씩 파악하며 읽습니다.

(1)에서 appears to be는 어떤 상황을 묘사할 때 쓸까요?

(2)에서 동사 develop은 왜 ing형태를 띄고 있을까요? 그리고 warhead(탄두)는 왜 복수형(s)일까요?

(3)에서 to는 어떤 문법적 기능을 할까요? ballistic missile shield의 뜻은 무엇이고, 그 앞에 왜 a가 있을까요?

(4)에서 동사 defend는 왜 ing형태를 띄고 있을까요?

이처럼 질적 독해는 한 문장에서 사용된 문법 요소, 동사의 형태, 형용사, 부사, 전치사, 그것들의 해석 등에 대해 스스로 질문을 던지고, 그 답을 찾아가며 읽는 것입니다. 기초가 튼튼하지 않은 경우에는 이런 방식으로 독해를 하면 문장 몇 개 읽는데도 시간이 꽤 걸릴 수 있습니다. 그렇지만 초석을 다지는 기분으로 참고, 인내하면서 문장 하나하나를 완전히 이해하려고 노력해야 합니다. 영어를 구성하는 요소들에 대한 실전적 지식과 이해가 점차 늘어가면서 독해의 속도가 빨라지는 것을 경험하게 될 겁니다. 처음에는 하루에 10문장 읽는 것도 버거웠다면, 나중에는 50문장, 100문장도 술술 읽게 됩니다. '존버'에 성공한 달콤한 보상이랄까요.

초보자의 경우 특히 문장에 나와 있는 문법적 요소 하나하나를 확실하게 이해하며 읽는 것을 추천합니다. 그렇지 않을 경우 질적 독해를 하더라도 영어 실력 성장의 한계가 올 수 있습니다.

그러면 어떤 글을 읽어야 할까요?

당연히 문법, 어법 등의 사용이 정확한 글을 읽어야 합니다. 그렇지 않은 글을 읽는다면 질적 독해를 하는 의미가 없겠죠. 이런 면에서 가장 좋은 글은 신문 기사와 연설문입니다. 아시겠지만 신문 기사와 연설문은 여러 사람의 손을 거치면서 제작됩니다. 수많은 사람이 개입하는 복잡한 제작 과정을 거치면서 사용되는 문법, 단어, 표현과 같은 세세한 부분은 물론이고 글의 흐름, 논리 구조와 같은 큰 틀에 대한 교정도 진행됩니다.

시사적 현안에 대한 정보는 덤입니다. 그야말로 정성 들여 만들어진 영양가 풍부한 '영어 요리'인 거죠.

3

나만의 '맞춤형 영어 교과서' 만들기

영어 공부를 한다면 머릿속에 무엇이 가장 먼저 떠오르시나요? 아마 많은 분이 어휘 공부를 생각하지 않을까 싶습니다. 우선 이 것저것 따질 것 없이 그냥 외우면 되고, 그 즉시 써먹을 수 있기 때문이죠. 단어들을 단지 나열하기만 해도 기초적인 의사소통은 할 수 있다는 것도 어휘 공부에 대한 수요가 많은 이유이기도 합니다.

그러면 여러분은 어떤 방식으로 어휘를 공부하시나요? 혹시 '전통적' 방법인 영어 단어 A와 그것의 우리말 뜻을 나란히 공책에 적고 무작정 암기하시나요? 아니면 시중에 나온 어휘책을 하나 사서 외우시나요? 플래시 카드? 해마 학습법을 사용하시나요?

사실 어떤 방법을 쓰는가는 중요하지 않습니다. 결과적으로 자신의 영어 실력이 얼마나 향상됐느냐가 중요한 것이죠. 물론 여기에서 말하는 '실력'은 암기한 단어의 숫자가 아니라, 얼마나 자신의 의사를 영어로 표현할 수 있느냐가 되어야 할 것입니다.

이번 장에서는 제가 어휘 공부를 하는 방법에 대해 소개해 드리려고 하는데요. 바로 '단권화 전략'입니다. 영어 신문사 입사를 준비할 때 다녔던 한 영어 학원에서 배운 방법으로 지금도 사용하고 있습니다. 방법은 간단합니다. 이름 그대로 암기해야 할 내용들을 '단권화' 하는 것입니다. 공책 하나를 정하고, 거기에 외워야겠다고 생각하는 어휘와 표현들을 모두 그 공책에 몰아 정리하는 것입니다. 기자가 되기 전부터 이 방법을 사용해서 지금껏 활용하고 있습니다.

10년이 넘도록 이 방법을 사용하면서 발견한 '단권화'의 장점은 두 가지입니다.

첫 번째 장점은 100% 나만을 위한, 맞춤형 어휘책을 만들 수 있다는 것입니다. 세상에서 나에게 딱 맞는 학습서를 어떻게 만들 수 있을까요? 방법은 하나입니다. 스스로 만드는 것입니다. 영어 단어는 많고, 필요한 단어는 사람마다 다릅니다. 공부하는 스타일도 각양각색이며, 같은 공부를 해도 암기 능력, 이해도, 활용 능력, 상황 대처 능력은 사람마다 모두 다릅니다. 같은 선생님에게,

같은 책으로, 같은 시간 동안, 같은 장소에서 공부를 해도 학생마다 다른 결과가 나오는 것이 바로 이 때문이죠. 바꿔 말하면 시간, 노력 투입대비 최고의 성과를 내기 위해서는 자신의 능력과 학습 스타일에 최적화된 학습서로 공부를 해야 한다는 것인데, 그런 학습서를 만들 수 있는 사람은 바로 자기 자신뿐입니다.

두 번째 장점은 학습 효율성의 극대화입니다. 제가 만난 영어 실력자들에게는 하나의 공통점이 있습니다. 길을 걷든, 간판을 보든, 식당에 가든, 지하철을 타든, 책이나 신문을 읽든 머릿속에 늘 '저걸 영어로 뭐라고 할까?'라는 질문을 습관처럼 하고 있다는 것입니다. 영어 공부는 책상머리에서만 하는 것이 아닙니다. 여러분이 지금 있는 곳이 영어 공부를 하는 장소이고, 여러분이 지금 하고 있는 것이 영어 공부의 교재가 될 수 있습니다. '저걸 영어로 뭐라고 할까?'라는 생각을 하며 생활을 하다 보면 하루에도 궁금증이 수도 없이 생깁니다. 그리고 그런 궁금증에 대한 답은 가급적 바로바로 찾는 게 좋습니다. 영어사전으로 해결이 가능하다면 바로 스마트폰으로 검색을 하고 그 내용을 기록해야 합니다. 화면을 캡처해도 좋고, 사진을 찍어도 괜찮고, 종이가 있다면 거기에 적는 것도 좋은 방법입니다. 만약 만족스러운 답을 찾지 못하면 궁금증의 내용만 기록해 두면 됩니다. (일단 기록해 두면 그 답을 찾으려는 노력을 하게 됩니다.) 하지만 이처럼 시도 때도 없이 생산된 호기심의 기록들을 한곳에 모아 정리하지 않고 그냥 방치한다면, 힘들여 찾은 답을 곧 잊게 될 것입니다. 이것을 방지하는 방법이 바로 '단권화 전략'입니다.

지금까지 단권화 전략의 필요성과 장점에 대해 설명하였습니다. 그럼 이제부터는 구체적으로 공책 정리를 어떻게 해야 하는지에 대해 저의 단권화 정리 방법을 기준으로 설명하겠습니다.

첫 번째, 문장 전체를 적는다.

궁금증이 특정 단어 하나(동사, 명사, 형용사, 부사)였더라도 공책에 정리할 때는 그 단어가 포함된 예시 문장 전체를 적고 암기하는 것을 추천합니다. 만약 그것이 숙어나 표현이라면 두말할 나위가 없습니다. 그 이유는 궁금했던 단어, 숙어, 표현 딱 그것만 외우면 나중에 그것을 쓸 수 있는 상황이 오더라도 완벽히 활용하기가 어렵기 때문입니다. '~을 활용하다'라는 말이 영어로 뭔지가 궁금해서 사전을 찾아 'make use of ~'라는 표현이 있다는 것을 알았고 딱 그것만 외웠다고 가정해 보겠습니다. 이런 경우 해당 학습자는 '~을 활용해서 XXX했다'라는 말을 하고 싶을 때는 분명 'make use of'를 사용할 것입니다. 문제는 여기서 발생합니다. '~을 활용하다'를 'make use of'로 표현할 수 있는 것은 맞지만 대화의 상황, 주제, 내용에 따라 다른 영어 표현이 맞는 경우가 있을 수 있다는 것입니다. 문맥과 내용에 따라서 take advantage of도 '~을 이용하다'라고 쓰일 수 있고, 돈과 관련된 상황에서는 'cash in on'이나 'leverage'라는 것이 쓰일 수도 있습니다. 그 밖에 'put to use' 또는 그냥 'use'가 적당할 수도 있습니다. 모든 것은 문맥, 상황, 주제, 내용에 따라 결정됩니다. 때문에 이런 큰 그림을 무시한 채 부분만 암기하면 어렵게 외운 내용이 정작 실전에서는 무용지물이 될 위험이 큽니다. 결국 문맥, 상황, 주제, 내용 등 그림 전체에 맞는 어휘와 표현을 사용하기 위해서는 문장 전체를 외우고 이를 통해 해당 어휘나 표현의 정확한 쓰임새에 대한 감각을 길러야 합니다.

✏️ 단권화 전략1: 문장 전체를 적자

그들은 박씨의 넓은 네트워크를 잘 활용한다.	They make (good) use of Mr. Park's wide network.
박씨는 영화 프리젠테이션을 하는 동안 저 탁자들을 잘 활용할 계획이다.	Mr. Park plans to make (good) use of the dinner tables during the film presentations.

두 번째, 공책을 반으로 접고, 오른쪽엔 영어 문장을 쓰고, 왼쪽엔 우리말 해석을 쓰자.

앞서 단권화 전략을 알려준 학원에서 배운 방법입니다. 어휘 공부도 하면서, 영작 연습을 통한 말하기 연습까지 한번에 할 수 있는 고효율의 학습법입니다. 우선 공책 종이에 중간을 접어서 희미한 실선이 나타나게 만듭니다. 그리고 실선의 오른편에는 외우고자 하는 어휘가 포함된 문장 전체를 적습니다. 그리고 실선 왼쪽에는 그 문장을 우리말로 잘 번역해서 적습니다. 적은 내용이 어느 정도 숙지가 되었다고 생각이 들면, 공책을 실선에 따라 반으로 접습니다. 그리고 오른편에 적힌 우리말 해석을 영작해봅시다. 영작이 끝나면 공책 왼쪽에 적혀 있는 영어 문장과 비교해 봅니다. 이 방법을 사용해서 공부를 하면 문맥에 따른 올바른 어휘 선택 능력이 향상되고, 무엇보다 영어 말하기 실력을 빠르게 키울 수 있습니다. 앞서 영작을 통한 영어 말하기 연습의 연장선이라고 보시면 됩니다.

단, 영어 원문을 우리말로 번역할 때 주의할 점이 하나 있습니다. 그것은 바로 최대한 학습자 자신의 언어로 번역해야 한다는 것입니다. 학습자 스스로가 평소에 쓰지 않는 어휘나 표현을 사용해 번역하는 것을 피하라는 뜻입니다. 그 이유는 실전(영어 말하기와 쓰기)에서의 활용성을 극대화하기 위해서입니다. 다음 문장을 예로 들어 설명하겠습니다.

> Inflation could re-emerge as an obstacle to the stock market's uptrend if energy costs keep surging.

이 문장에서 obstacle을 표현할 수 있는 우리말은 다양합니다. '장애물'이라고 할 수도 있고 '걸림돌'이라고 할 수도 있습니다. 학습자의 언어 습관에 따라 '딴지를 걸다'라고 표현할 수도 있고 '~의 발목을 잡는다'라고 할 수도 있습니다. 표현은 다르지만, 문맥상 의미는 동일하고 따라서 일상 생활에서 얼마든지 혼용하여 사용할 수 있는 표현들입니다. 그러면 이 부분에 대응되는 영어 원문인 're-emerge as an obstacle to'를 보겠습니다. 평소 이러한 상황을 '~이 발목을 잡는다'라고 표현하는 언어 습관이 있는 학습자는 이 부분을 그렇게 번역하고 적어놔야 합니다. 그래야 나중에 그 표현을 영어로 하고 싶을 때 'emerge as an obstacle'이라는 표현을 쉽게 머릿속에 떠올릴 수 있습니다. 평소에 자신이 잘 쓰지 않는 '장애물', '걸림돌'과 같은 표현으로 외워두면 나중에 정작 '~이 발목을 잡는다'라는 표현을 영어로 하고 싶을 때 저 표현을 떠올리는 것은 결코 쉽지 않습니다. 도리어 '발목 = ankle',

'잡는다 = catch 또는 grab' 등을 떠올려서 엉터리 문장을 만들 가능성이 큽니다.

✏️ 단권화 전략2: 자신의 언어로 번역하자

에너지 비용이 지속적으로 증가한다면 인플레이션은 다시 한번 상승세에 있는 증시에 걸림돌이 될 수 있다. / 상승세의 딴지를 걸 수 있다. / 상승세의 발목을 잡을 수 있다.	Inflation could re-emerge as an obstacle to the stock market's uptrend if energy costs keep surging.
염소와 아이들이 샛길을 쏜살같이 지나간다. / 휙 하고 지나간다. / 총알같이 지나간다.	Goats and children scamper through the byways.

세 번째, 지금부터는 단권화 전략의 확장적 활용법입니다. 단권화란 학습자 '자신만의 책'입니다. 따라서 애당초 표현의 한계란 없습니다. 글보다 그림으로 그리는 것이 내용을 직관적으로 이해하고 외우는데 도움이 되면 그것을 그리면 됩니다. '쩍벌남'이한 예입니다. 쩍벌남의 모습을 간단히 그려놓으면 그것이 무엇인

지 굳이 글로 설명할 필요 없겠죠. 물론 여기서도 manspreading 이라는 단어만 달랑 외우는 것이 아니라 저 표현을 모르는 사람에게도 설명할 수 있도록 그 행동을 설명하는 문장(예: A man is sitting with knees wide open.)까지 함께 암기하는 것이 학습의 향후 활용성을 극대화하는 방법입니다. 공부하는 김에 쩍벌남의 반대 모습인 다리를 오므리고 앉아 있는 모습을 묘사하는 문장(A woman is sitting with her legs closed.)까지 함께 적고 외우면 활용성은 두 배가 되겠죠?

✏️ 단권화 전략3: 그리자

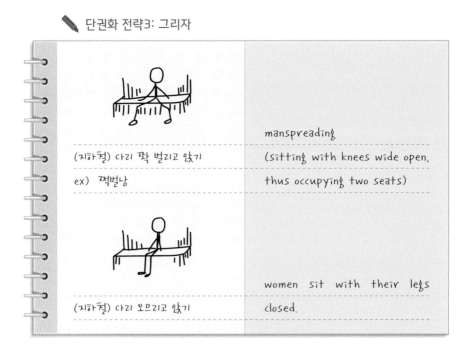

네 번째, 학습 내공이 있는 분들은 단권화 공책에 다용도 어휘·표현을 한번 정리해 보실 것을 추천합니다. 영어 독해를 많이 해보신 분들은 글을 읽다가 '어랏…이 단어/표현이 다른 상황에서도 쓰이는 걸 본 것 같은데…'와 같은 생각이 들었던 경험이 있으실 겁니다. 이럴 때는 조금 수고스러울 수는 있지만, 이전에 알고 있던 상황들에 대한 예시를 찾아서 그 내용을 한곳에 정리해 보시기를 추천합니다. 이렇게 정리를 하면 일단 기억에서 잘 잊혀지지 않고, 행여 잊어버렸다 해도 훗날 복습을 할 때도 짧은 시간에 모든 내용을 다시 외울 수 있습니다. 다용도 어휘·표현을 적재적소에 사용하는 능력은 고급 수준 영어 학습자들에게만 허락되는 기술이며 특권입니다. 'screw up'이라는 표현을 예로 들어보겠습니다. 이를 활용해 정말 다양한 표현을 할 수 있는데요.

(1) I screw up my English test.
   (나 영어 시험 망쳤어.)

(2) I screwed up the paper and threw it away.
   (종이를 돌돌 말아서 휙 던졌다.)

(3) My ankle got screwed up.
   (발목이 접질려서 삐었다.)

(4) The file index is all screwed up.
   (서류철이 엉망이 됐다.)

한눈에 봤을 때는 서로 간에 연관성이 전혀 없는 문장들 같지만 이렇게 모아서 보면 screw up이라는 표현이 '뭔가를 꺾어서 망가지게 하는' 의미를 품고 있다는 걸 발견할 수 있습니다. 이처럼 다용도 어휘와 표현의 경우 상황 별 의미에 집중하기보다는 전체를 아우르는 '느낌'을 기반으로 해석을 하고 영작을 하는 것이 효과적입니다.

✏️ 단권화 전략4: 다용도 어휘를 한곳에 모으자

나 영어 시험 망쳤어.	I screw up my English test.
종이를 돌돌 말아서 휙 던졌다.	I screwed up the paper and threw it away.
발목이 접질려서 삐었다.	My ankle got screwed up.
서류철이 엉망이 됐다.	The file index is all screwed up.

다섯 번째, 시간이나 상황의 미묘한 변화를 표현하는 어휘들을 한곳에 모아서 정리하고 암기하는 것도 좋습니다. 역시 이렇게 정리한 내용은 잘 잊혀지지 않고, 훗날 짧은 시간에 복습을 할 수 있습니다. 대표적인 상황이 술에 취해가는 과정입니다. 처음에

는 멀쩡했다가sober, 점점 알딸딸get tipsy해집니다. 그러다 술에 취한 상태get drunk가 됩니다. 그 정도가 심해지면 소위 '꽐라'get smashed/sozzled/hammered가 되고, 갈지자로 걷다가become leg-less가 부모님 얼굴도 못 알아보는 인사불성is befuddled상태가 되지요. 이러한 미묘한 변화에 대한 어휘/표현들은 관련된 내용의 글을 읽다 보면 발견할 수 있습니다. 이때 그 기회를 놓치지 말고 한번 정리해 보시기 바랍니다.

4

임팩트 있게
단어 외우는 신기술

단어나 표현 공부를 하다 보면 사전에서 그 의미를 몇 번이고 읽어 봐도 정확히 무엇을 말하는지 머릿속에 그림이 안 떠오르는 경우가 종종 있습니다. 특히 감정이나 경치, 행동, 상황, 공간 등과 관련한 어휘가 그런데요. 사진이나 영상으로 보면 바로 '아 저거'하고 알 수 있는 것을 글자로 표현하다 보니 발생하는 비효율성이라고 할 수 있습니다. 머릿속에 개념이 정확히 생기지 않다 보니 암기가 잘 안 되는 건 당연한 결과겠죠. 그런데 문제는 이런 류의 어휘가 필요한 경우가 의외로 꽤 많다는 것입니다.

감정 너 오늘 왜 이렇게 시무룩해?

경치 아주 시원하게 탁 트인 공간

행동 입이 삐죽 나왔네?

상황 피가 철철 흘러나온다

이런 문장들을 영어로 잘 표현할 수 있으려면 각각의 핵심이 되는 우리말 단어·표현과 그것에 정확히 매칭이 되는 영어 단어·표현을 많이 알아야 합니다. 그런 지식이 부족한 상태에서 영작을 하면 '영어는 영어인데, 뭔가 어색한' 그런 문장이 만들어지기 십상입니다. 그러면 이처럼 '사진이나 영상으로 보면 감이 딱 오는' 어휘들은 어떻게 공부하면 좋을까요? 바로 구글 이미지 검색 기능을 이용하는 것입니다.

Try to look sullen and silent, but not scary, or people will avoid you.

이 문장을 보겠습니다. 'look sullen'이라는 표현이 나오는데요. sullen이라… 무슨 뜻일까요? 영영사전을 찾아보면 'gloomily or resentfully silent or repressed'라는 뜻이라고 나오는데요. 우리말로 해석을 하면 '침울하게, 짜증나서 조용한 또는 억눌려 있는'이라는 뜻입니다. 분명 sullen이라는 단어를 찾았는데, 뜻이 세 개나 나오고 '그래서 뭐 그냥 기분 나쁜 상태라 이거지'라며 혼자 그 의미를 추정하게 됩니다. 그러면 look sullen을 구글 이미지로 검색해 보겠습니다. 수많은 사진들이 보이는데요, 한눈에 봐도 기운 없고, 축 처지고, 똥 씹은 표정으로 고개를 푹 숙인 사람들의 모습들이 보입니다. 그렇습니다. Sullen이라는 단어는 바로 이런 상태를 지칭하는 형용사입니다. 이것과 매칭되는 우리말 표현이 바로 '시무룩'이죠. 사진과 의미를 매칭시키니 이해도 쉽게 되고, 실전에서 보다 정확하게 해당 어휘를 사용할 수 있습니다.

✎ 구글 이미지에 sullen으로 검색해 나오는 사진 이미지들

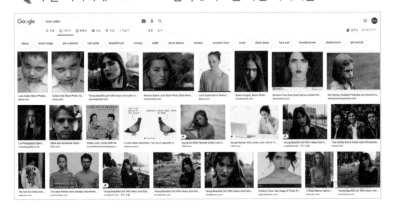

다른 문장으로 계속 설명해 보겠습니다.

I saw a boy bleeding profusely.

이 문장을 정확히 해석하기 위해서는 우선 bleed에 왜 ~ing 가 붙었는지를 알아야 합니다. 앞서 '질적 독해' 부분에서 그 이유를 말씀드렸습니다. 지금은 어휘 공부에 대한 내용이니까 넘어가도록 하겠습니다. Bleeding 다음에 나오는 profusely에 집중할 필요가 있습니다. 한영사전을 찾아보면 '아낌없이; 풍부하게'라고 나오고 영어사전을 보면 'to a great degree; in large amounts' 라고 나옵니다. 결국 '피가 많이 나온다'라는 뜻이니까 눈치 빠르신 분들은 '피가 철철 난다'라는 의미를 파악하실 수 있습니다. 그런데 bleeding profusely를 구글 이미지에서 검색하시면 글자를 통한 느낌보다 훨씬 강렬하게 profusely의 뜻과 의미 그리고 사용되는 상황을 알 수 있을 것입니다.

저는 주로 핸드폰으로 구글 이미지 검색을 합니다. 페이스북이나 인스타그램 등에 올라온 영어 글을 읽거나 사진을 보다가 알아 두면 좋을 것 같은 문장(상황 묘사, 감정, 행동, 상황, 경치 등)을 보면 그 화면을 캡처해 둡니다. (데스크탑 컴퓨터로 보고 있었다면 핸드폰으로 사진을 찍습니다.) 이 문장들은 집에 와서 꼭 단권화 노트에 정리를 하는데요. 정리할 때 항상 문장과 이미지가 같이 떠오를 수 있도록 정리를 합니다. 문장 옆에 그림을 그리기도 하고, 그 이미지가 떠오를 수 있도록 저만의 방법으로 묘사를 합니다.

생생한 묘사를 하는데 필요한 영어를 배울 수 있는 좋은 교재는 보도 사진의 캡션(사진 설명)입니다. 전 세계에서는 하루에도 수많은 다양한 사건 사고가 발생하고 있고, 언론사들은 이러한 사건 사고들을 사진으로 찍고, 설명을 적어서 독자들에게 제공하고 있습니다. 생생한 현장 사진과 그 상황에 대한 묘사가 함께 있으니 이보다 더 좋은 교재는 없습니다.

고해상도 보도 사진과 영문 캡션을 볼 수 있는 사이트 몇 개를 소개해 드립니다.

Getty Images

(주소: https://www.gettyimages.com/editorial-images)

: 세계적인 사진 콘텐츠 제공업체로서 보도 사진을 주로 제공하고 있습니다. 매일 전 세계에서 촬영된 수많은 고해상도 사진들이 캡션과 함께 올라옵니다. 사진은 판매용이지만 보는 건 무료. 검색창도 있어서 장면, 상황을 찾을 수도 있습니다. Korea를 넣으면 우리나라와 관련된 사진과 영문 캡션도 볼 수 있습니다.

Reuters Pictures Home Page

(주소: https://pictures.reuters.com/)

: 세계적 언론사인 로이터통신의 사진 뉴스 전용 웹사이트입니다. 매일 전 세계에서 촬영된 수많은 고해상도 사진들이 영어 캡션과 함께 올라옵니다. 검색창도 있고, 주제별 분류도 되어있습니다.

AP Images

(주소: http://www.apimages.com/)

: 세계적 언론사인 AP통신의 사진 뉴스 전용 웹사이트입니다.

사진과 캡션을 비교하며 공부하는 것도 하나의 방법이지만, 적극적인 학습을 원하는 분들은 우선 사진을 보고 나름대로 상황을 영어로 묘사해본 후 캡션과 비교해 보는 것도 하나의 방법이 될 수 있습니다. 다양한 사진과 캡션을 보다 보면 자연히 상황 묘사와 관련된 어휘력도 향상되고 묘사하는 능력도 길러집니다. (OPIc같은 영어 말하기 시험의 사진 묘사 문제는 식은 죽 먹기가 되겠죠?) 여기서 잠깐! 새로 알게 된 영어 단어나 표현을 단권화 노트에 꼭 정리해야 한다는 것 잊지 마시기 바랍니다.

마지막으로 역사적으로 의미 있는 사건이나 상황에 대한 사진들을 영어 설명과 함께 볼 수 있는 방법을 알려드리겠습니다. 우선 구글에 'historical photos you must see'나 'rare photos you must see'라고 검색해서 보는 방법이 있습니다. 'Pulitzer Prize-Winning Photos'로 검색하면 퓰리처상 사진 부분 수상작들과 그 사진 설명을 볼 수 있습니다. 'Joseon dynasty Images'로 검색하면 자료의 양이 많지는 않지만 조선 시대 우리 나라의 모습을 영어 캡션과 함께 볼 수 있습니다.

5

영영사전 vs 영한사전

영어 공부를 하는데 영어사전은 필수입니다. 사실 학습자에게 만 국한된 말은 아닙니다. 영어 사용을 직업으로 삼고 있는 저도 하루에 수십 번 인터넷 영어사전을 검색합니다. (영영사전, 영한 사전 모두 검색합니다.) 주로 모르는 단어나 표현을 찾기 위해 검 색하지만, 때로는 아는 단어일지라도 제 기억이 정확한지 확인하 기 위해 찾아보기도 합니다. 영어사전은 영어가 모국어인 사람들 에게도 정확한 언어 사용을 위해 필수입니다. 한국말이 우리 모 국어라고 해서 국어사전이 필요 없는 것이 아닌 것처럼 말이죠.

종종 영어사전을 어떻게 사용해야 하느냐고 질문하시는 분들 이 계십니다. 그리고 많은 분께서는 "영한사전 보지 말고, 영영사전만 보라고 하던데 맞나요?"라고 물어보십니다. 영한사전에 틀린 내용이 많다는 소문이 이런 질문을 하게 만드는 주된 원인 중 하나입니다. '영어를 잘하려면 영어로 생각하고, 영어식 마인드를 가져야 한다'는 주장 때문인 경우도 있습니다.

영한사전에 틀린 내용이 많다? 어느 정도 동의합니다. 하지만 이는 영한사전의 제작자가 엉터리여서가 결코 아닙니다. 영어라는 서양의 언어를 상이한 문화와 언어 습관, 표현법을 갖고 있는 동양의 우리말로 바꾸는 과정에서 발생하는 불가피한 오류들이라고 저는 생각합니다. 그렇기 때문에 영어 공부를 할 때 영한사전만 사용해서 공부를 하는 것은 옳지 못하다고 생각합니다. 하지만 그렇다고 영한사전을 완전히 무시하고 오로지 영영사전만 참고하는 것도 추천하지 않습니다. 가장 좋은 방법은 두 가지 사전을 함께 사용하되, 영한사전에서 찾아본 내용은 꼭 영영사전을 통해 다시 한번 확인해 보는 것을 추천합니다.

그럼 영영사전만 보는 것에 대해 왜 부정적인지 알려드리겠습니다. 우선 영영사전을 본다는 것이 학습자의 입장에서 그리 쉬운 일이 아닙니다. 내용의 정확성은 담보가 되겠지만, 하나의 단어의 뜻을 알아가는 과정이 '산 넘어 산'과 같은 상황이 되어버리는 경우가 자주 발생합니다. 'Despise'라는 동사를 예로 들어보겠습니다. '경멸하다'라는 뜻을 갖고 있는데요, 이 단어를 처음 보시는 분들도 계실 거라 생각합니다. 중상위권 난이도의 단어로 말하기에서는 자주 쓰이지 않지만, 글에서는 종종 볼 수 있는 단어입니다. 이 단어의 영영사전의 설명은 이렇습니다.

Oxford 사전   feel contempt or a deep repugnance for

Collins 사전   to regard with dislike or repugnance

보시다시피 이 설명을 해석하기 위해서는 다시 한번 중급 정도 난이도의 단어들을 알아야 합니다. contempt, repugnance가 그것입니다. to regard with의 뜻도 알아야 합니다. 물론 누구나 알 만한 매우 쉬운 어휘들로 설명이 되어 있는 경우도 있습니다. 하지만 아닌 경우도 많습니다. 후자의 경우 단어 하나의 뜻을 파악하기 위해 두세 개 단어의 뜻을 또 찾아야 하고, 그렇게 찾은 두세 개 단어의 뜻 중에는 또 모르는 단어 한두 개가 나올 수 있습니다. 이렇게 계속 가다 보면 단어 하나의 뜻을 이해하려다가 모르는 단어 대여섯 개를 처리해야 하는 상황이 발생하게 됩니다. 배보다 배꼽이 커지는 상황이 되는 거죠. 이런 상황이 계속되면 어떻게 될까요? 그렇습니다. 지쳐버립니다.

영어 공부는 즐겁고, 가볍고, 재미있어야 합니다. 그래야 꾸준히 오래 할 수 있습니다. 단어 하나 찾다가 질려버리는 공부법으로는 영어 공부를 꾸준히, 오래 할 수 없습니다. 그래서 저는 앞서 말씀드린 대로 영한사전과 영영사전의 혼용을 추천합니다. 모르는 단어를 영영사전으로 찾았을 때 어려움 없이 바로 이해가 되면 가장 좋습니다. 하지만 그렇지 않다면, 한영사전에 나온 뜻을 보고, 영영사전에 나온 뜻과 비교해 보면 됩니다.

그리고 여기서 강조하고 싶은 것은 어떤 사전을 사용하느냐는 어휘 공부를 하는데 있어서 그리 중요한 요소가 아니라는 것입니다. 우리가 어휘 공부를 하는 이유는 실전에서 활용하기 위해서입니다. 말하기든, 쓰기든, 읽기든, 듣기든 말이죠. 실전에서 정확한 영어를 쓰는 것이 가능하게만 된다면 어떤 사전을 쓰든지 문제가 되지 않습니다. 그리고 앞서 말씀드렸듯이 영어의 실전 활용 능력을 극대화해 주는 방법은 문장을 통째로 외우는 것입니다. 문장 전체를 외움으로써 그 안에서 주어, 동사, 목적어가 무엇이고, 어떤 형태로 사용되었으며, 서로가 어떻게 유기적으로 결합해서 어떤 의미를 만들어 내는지를 이해하는 것이 실전 영어 실력을 키울 수 있는 가장 좋은 방법입니다.

뜻이 있으면
길은 만들어진다

 박시수
2011.01.23 00:00 전체공개

작가가 되고 싶다...책을 쓰고 싶다. 쉽지만...핵심이

작가가 되고 싶다...책을 쓰고 싶다.
쉽지만...핵심이 있고...쉽게 읽히는...
아무나 쉽게 쓸 수 없는 주제로...

#나의일기장

    싸이월드. 토종 소셜미디어 1세대로 많은 분이 이와 관련된 추억이 있을 거라 생각합니다. 이 책을 한창 쓰고 있던 2019년 말우연한 기회에 싸이월드에 로그인을 했습니다. 십수 년 전 저의 모습이 담긴 사진들을 보고 첫 번째로 놀랐습니다. 그리고 저 스스로에게 썼던 일기장 글 중 하나 때문에 또 한번 놀랐답니다.

'작가가 되고 싶다…. 책을 쓰고 싶다. 쉽지만… 핵심이 있고… 쉽게 읽히는….'(2011년 1월 23일)

지금은 기억조차 나지 않는 9년 전 어느 날 저는 책을 쓰고 싶어 하고 있었더군요. 시간이 지나 저의 이 꿈은 이 책을 통해 이루어졌습니다. 아마 당시의 저 생각이 제 머릿속 어딘가에 계속 남아서 저도 모르게 저를 책을 쓰는 사람이 되도록 준비하고 행동하게 했나 봅니다.

책을 마무리하는 지금 이 이야기를 꺼내는 이유는 목표의 중요성을 재차 말씀드리기 위해서입니다. 여러분은 영어를 왜 공부하시나요? 이 책을 왜 읽으셨나요? 어떤 목표를 위해 영어가 필요하고, 공부하시나요? 영어를 포함한 모든 공부의 시작은 바로 '명확한 목표의 설정'부터입니다. 방법은 다음 문제입니다. 목표는 스스로를 움직이게 만드는 강력한 엔진입니다. 목표가 명확하고 그것을 달성하고자 하는 의지가 있다면, 어떤 대단한 목표라도 이에 도달하는 방법은 다 생기기 마련입니다. 설령 목표를 100퍼센트 충족시키지는 못하더라도 적어도 70~80퍼센트까지는 가게 됩니다.

소설《큰 바위 얼굴Great Stone Face》많이 들어보셨을 겁니다. 평생 동안 사람의 얼굴 형상을 닮은 바위를 바라보면서 그 얼굴을 닮은 위대한 인물이 마을에 나타나기를 바란 소년 어니스트는 백발이 성성한 나이가 되었을 때 자신이 큰 바위 얼굴을 닮았다는 것을 알게 됐다는 이야기입니다.

'뜻이 있는 곳에 길이 있다Where there's a will there's a way'고 하지요. 만약 여러분이 그동안 영어 실력 향상에 번번이 실패했다면, 또 시중에 나온 좋다는 방법을 다 써봤지만 만족할 만큼의 실력 향상이 되지 않았다면, 그 원인이 학습 방법이 아닌 목표의 부재나 의지의 부족 때문이 아니었는지 스스로 한번 되돌아볼 필요가 있습니다.

목표를 정했으면 이제 행동을 할 차례입니다. 책이든 신문이든 미드이든 유튜브이든 간에 보고, 읽고, 듣고, 이해하고 암기하는 데 절대적 시간을 투입해야 합니다. 멋진 목표와 실천 계획을 세웠을 때 느끼는 만족감과 성취감은 속 빈 강정입니다. 진짜 만족과 성취는 행동을 통해서만 얻을 수 있습니다.

물론 목표를 향한 길이 평탄하기만 하지는 않습니다. 중간에 길을 잃을 수도 있고, 막다른 길로 갈 수도 있습니다. 그래서 힘들게 갔던 길을 되돌아 나와야 할 수도 있습니다. 하지만 이 모든것이 목표를 향한 여정에서 겪을 수밖에 없는 '통과 의례rite of passage'라는 것을 잊지 않으셨으면 합니다. 저도 14년간 영어로 밥을 벌어먹고 살고 있지만 여전히 영어에 대해서 모르는 것 투성이고, 하루에도 몇 번씩이나 모르는 단어를 찾고 외우며 이 '통과 의례'가 끝나기를 여전히 기다리고 있습니다.

행여 공부가 힘들고 방법에 대한 의심이 들 때는 책 처음에 있는 '영어 공부 십계명'을 다시 한번 보시기 바랍니다.

맺음말이 길었습니다. 준비 운동이 너무 길면 본 경기를 치를 힘이 부족합니다. 이제 경기 시작입니다. 여러분의 건승을 기원합니다.

읽어주셔서 감사합니다.

2020년 초여름

박시수

이 책을 만드는 데 도움을 주신 분들

- 7025정연상
- 김찬백
- 스프링무드
- 조석일
- Bryan
- 김현수
- 신용균
- 조수진
- Hans
- 남현영
- 안영록
- 조용탁
- Scott
- 류지연
- 얄로
- 조진서
- 강수진
- 류현정
- 연승모
- 조태신
- 강현중
- 문선일
- 원현주
- 최갑천
- 곽지훈
- 문성환
- 유재영
- 최수오
- 구영기
- 문지영
- 유조미
- 최예지
- 구윤영
- 박비호
- 윤여진
- 최요한
- 권현선
- 박아람
- 이강호
- 최원석
- 김기원
- 박중수
- 이상주
- 최인제
- 김범준
- 방기범
- 이승도
- 친구 하쓰맨
- 김시연
- 배상혁
- 이아영
- 캐릭
- 김영지
- 배익호
- 이한수
- 콩땡맘
- 김윤정
- 배정준
- 임나현
- 하나
- 김재홍
- 서진경
- 장유경
- 한성미
- 김정현
- 손형만
- 장프로
- 김주원
- 송현욱
- 전수아

유아이북스의 책 소개

내 안의 마음습관 길들이기

- 바톤 골드스미스 지음 | 김동규 옮김
- 인문 / 심리 / 자기계발
- 신국판
- 정가 13,800원

미국을 대표하는 심리치료사 바톤 골드스미스 박사가 자신감이 부족한 이들을 위한 조언을 들려준다. 당장이라도 실천할 수 있는 실용적인 내용들이다.

리퀴드 리더십

- 브래드 스졸로제 지음 | 이주만 옮김
- 경영 · 경제 / 리더십
- 신국판
- 정가 15,500원

버르장머리 없는 Y세대와 잔소리꾼 베이비부머가 함께 어울리는 법이 담겼다. 단순히 리더십에 국한된 내용이 아니다. 경영 패러다임에 대한 혁신을 말한다.

행운을 잡는 8가지 기술

- 소어 뮬러, 레인 베커 지음 | 김고명 옮김
- 경영 · 경제 / 리더십
- 신국판
- 정가 15,000원

뉴욕타임스 베스트셀러인 이 책은 운이 쉽게 따를 수 있는 환경부터 기회가 올 때 이를 잡을 수 있는 전략 등을 전반적으로 다룬다. 이른바 '계획적 세렌디피티'가 어떻게 가능한지를 각종 사례와 이야기로 설명한다.

병법에서 비즈니스 전략을 읽다

- 후쿠다 고이치 지음 | 한양번역연구회 옮김
- 고전 / 자기계발
- 신국판
- 정가 15,000원

선진시대부터 청나라까지의 모든 병법서를 연구했다. 단순히 책을 관통하는 법칙을 찾아내는 것이 아닌 현실에 응용할 수 있는 내용이 담겨 있다.

마음을 흔드는 한 문장

- 라이오넬 살렘 지음 | 네이슨 드보아, 이은경 옮김
- 경영 · 경제 / 마케팅
- 신국판
- 정가 20,000원

2200개 이상의 광고 카피를 분석하면서 글로벌 기업들의 최신 슬로건을 정리했다. 탄생하기까지의 과정과 왜 그것이 명작인지 이유를 설명한다.

량원건과 싼이그룹 이야기

- 허전린 지음 | 정호운 옮김
- 경제 / 경영
- 신국판
- 정가 14,500원

중국 최고의 중공업기업 '싼이그룹'과 '량원건 회장'에 대한 이야기다. 허름한 용접공장에서 시작된 싼이그룹이 어떻게 중국 최고의 기업이 되었는지를 분석했다.

돈, 피, 혁명

- 조지 쿠퍼 지음 | PLS번역 옮김 | 송경모 감수
- 경제학 / 교양 과학
- 신국판
- 정가 15,000원

과학과 경제학 상식이 융합된 독특한 책이다. 전반적으로 혼란했던 과학혁명 직전의 시기를 예로 들어 경제학에도 혁명이 임박했음을 이야기한다. 더불어 최근의 글로벌 경제 위기를 타개하기 위한 아이디어도 제시했다.

희망을 뜨개하는 남자

- 조성진 지음
- 자기계발 / 경제 · 경영
- 신국판
- 정가 14,000원

공병호, 김미경, 최희수 등 자기계발 분야 권위자들이 추천하는 감동 휴먼 스토리이자 특별한 성공 노하우가 담긴 자기계발서다. 거창한 성공담이 아닌 가진 것 없던 보통 사람의 경험이 글에 녹아 있다.

져도 이기는 비즈니스 골프

- 김범진 지음
- 비즈니스 / 자기계발
- 국판
- 정가 13,500원

이 책은 일반 골프와는 또 다른 비즈니스 골프에 대해 이야기한다. 비즈니스 세계의 갑과 을의 위치에서 골프를 경험한 저자의 여러 사례가 녹아 있다. 이 책은 매너 골프를 즐기고자 하는 이들에게 충실한 가이드가 될 것이다.

임원보다는 부장을 꿈꿔라

- 김남정 지음
- 자기계발 / 직장생활
- 신국판
- 정가 14,000원

대한민국에서 가장 치열한 분위기의 직장이라 할 수 있는 삼성전자에서 30년을 근속한 저자가 사회생활의 요령에 대해 논하는 책이다. 직장에서 인간관계는 승진과 앞으로의 직장생활을 좌우할 만큼 중요하다는 주장이다.

왜 세계는 인도네시아에 주목하는가

- 방정환 지음
- 비즈니스 / 경영
- 신국판
- 정가 14,000원

언론인 출신 비즈니스맨인 저자가 직접 인도네시아에서 발로 뛰며 얻은 생생한 정보와 이야기를 담았다. 인도네시아의 경제, 문화, 사회 전반에 대해 알기 쉽게 다루어서 변화의 중심에 있는 인도네시아를 한눈에 보여준다.

시니어 마케팅의 힘

- 전우정, 문용원, 최정환 지음
- 마케팅 / 경영
- 신국판
- 정가 14,000원

기존의 시니어 마케팅을 분석하고 요즘 트렌드에 발맞춰 새로운 마케팅 전략을 제시한 책이다. 마케팅 전문가 3인의 명쾌한 설명을 통해 시니어 마켓의 전망과 대책을 쉽게 파악할 수 있다.

망할 때 깨닫는 것들

* 유주현 지음
* 경제경영 / 창업
* 국판
* 정가 13,500원

사업 실패 경험이 있는 저자가 알려주는 '창업 정글에서 살아남는 법'에 관한 이야기다. 창업자, 창업 준비자들에게 삭막한 현실을 독설 형태로 풀어 썼다. 현재 실적보다 미래 생존이 중요하다는 뼈아픈 조언이 담겼다.

마음 습관이 운명이다

* 미즈노 남보쿠 지음 | 화성네트웍스 옮김 | 안준범 감수
* 자기계발 / 처세
* 국판
* 정가 14,000원

관상학의 대가, 미즈노 남보쿠는 사람의 운명이 음식에 달렸다고 말한다. 음식에 대한 절제를 최우선으로 하여 이를 잘 다스린다면 인생을 바꿀 수 있다는 주장이다. 자제력의 힘을 통해 성공의 비법을 풀어냈다.

회사 살리는 마케팅

* 김새암, 김미예 지음
* 경제 · 경영 / 마케팅
* 4 · 6판
* 정가 13,800원

스토리텔링 형식으로 마케팅 이야기를 풀어나가면서 마케팅의 현장을 생생하게 보여준다. 조직의 어떤 부분이 바뀌고, 어떻게 움직여야 성공적인 마케팅으로 이끌 수 있는지 저자들의 살아있는 제안이 눈길을 끈다.

내 표정이 그렇게 안 좋은가요?

* 허윤숙 지음
* 자기계발 / 인간관계
* 국판
* 정가 13,800원

저자는 조급한 삶을 살던 것에서 벗어나 내 안의 행복감을 높이는 방법들에 대해 말하고 있다. 나 자신에 대한 느낌과 표정을 효율적으로 관리해 보다 당당한 삶을 살고 싶은 이들에게 도움이 될 만한 내용을 담았다.